Virat Kohli

Por United Library

https://campsite.bio/unitedlibrary

Índice

Descargo de responsabilidad

Este libro biográfico es una obra de no ficción basada en la vida pública de una persona famosa. El autor ha utilizado información de dominio público para crear esta obra. Aunque el autor ha investigado a fondo el tema y ha intentado describirlo con precisión, no pretende ser un estudio exhaustivo del mismo. Las opiniones expresadas en este libro son exclusivamente las del autor y no reflejan necesariamente las de ninguna organización relacionada con el tema. Este libro no debe tomarse como un aval, asesoramiento legal o cualquier otra forma de consejo profesional. Este libro se ha escrito únicamente con fines de entretenimiento.

Introducci

Virat Kohli es uno de los jugadores de críquet mas influyentes y exitosos de la historia. Desde sus humildes comienzos hasta su ascenso como capitán de la selección india, su historia es inspiradora y está llena de logros. Nacido el 5 de noviembre de 1988, Kohli ha dejado una huella indeleble en el mundo del críquet con su destreza al bate y su liderazgo en el campo.

Este libro ofrece un profundo análisis de la vida de Virat Kohli, desde sus inicios hasta su ascenso como uno de los mejores bateadores del siglo XXI. Explora sus logros en el críquet internacional, incluidos sus récords como máximo anotador de carreras en T20I e IPL, así como su papel en la victoria de la India en la Copa Mundial de Críquet de 2011 y en el Trofeo de Campeones del ICC de 2013. A través de relatos íntimos y entrevistas exclusivas, descubra cómo Kohli ha llegado a ser reconocido como uno de los más grandes del juego.

Descubra la inspiradora historia de Virat Kohli. ¡Pida su ejemplar hoy mismo!

Virat Kohli

Virat Kohli (nacido el 5 de noviembre de 1988) es un jugador de críquet internacional indio y ex capitán de la selección nacional de críquet de su país. Es bateador diestro y ocasionalmente lanzador medio-rápido. Actualmente representa al Royal Challengers Bangalore en la IPL y al Delhi en el críquet nacional. Kohli está considerado uno de los mejores bateadores de la historia del críquet y el mejor del siglo XXI. Es el máximo anotador de carreras en los T20I y en la IPL, el tercero en los ODI y el cuarto en el críquet internacional. También ostenta el récord de mayor número de siglos anotados en ODI y ocupa el segundo lugar en la lista de máximos centenarios internacionales. Kohli fue miembro del equipo indio que ganó la Copa Mundial de Cricket de 2011, el Trofeo de Campeones del ICC de 2013 y capitaneó a la India para ganar la maza de pruebas del ICC tres veces consecutivas en 2017, 2018 y 2019.

En 2013, Kohli ocupó el primer puesto en la clasificación del ICC de bateadores de ODI. En 2015, alcanzó la cima de la clasificación de T20I. En 2018, ocupó el primer puesto en la clasificación de bateadores de Test, lo que le convierte en el único jugador de críquet indio que ocupa el primer puesto en los tres formatos de juego. Es el primer jugador en anotar 20.000 carreras en una década.

En 2020, el Consejo Internacional de Críquet le nombró jugador de críquet masculino de la década.

Ha recibido muchos elogios por sus actuaciones en el críquet. Ganó el premio al Jugador ODI del Año del ICC en cuatro ocasiones, en 2012, 2017, 2018 y 2023. También ganó el Trofeo Sir Garfield Sobers, concedido al Jugador de Críquet del Año del ICC, en dos ocasiones, en 2017 y 2018 respectivamente. En 2018, se convirtió en el primer jugador en ganar los premios ICC ODI y Test Player of the Year en el mismo año. Además, fue nombrado Wisden Leading Cricketer in the World durante tres años consecutivos, de 2016 a 2018. A nivel nacional, Kohli fue galardonado con el premio Arjuna en 2013, el Padma Shri en 2017 y el mayor honor deportivo de la India, el premio Khel Ratna, en 2018.

En 2018, la revista Time lo incluyó en su lista de las 100 personas más influyentes del mundo. Kohli ha sido considerado uno de los deportistas más comerciales, con unos ingresos estimados de ₹634 crore (79 millones de dólares) en el año 2022.

Primeros años

Virat Kohli nació el 5 de noviembre de 1988 en Delhi, en el seno de una familia hindú punjabí. Su padre, Prem Kohli, trabajaba como abogado penalista, y su madre, Saroj Kohli, era ama de casa. Tiene un hermano mayor, Vikas, y una hermana mayor, Bhawna. Los años de formación de Kohli transcurrieron en Uttam Nagar. Comenzó sus primeros estudios en la escuela pública Vishal Bharti. Según su familia, Kohli mostró una temprana afinidad por el críquet cuando sólo tenía tres años. Cogía un bate de críquet, mostraba una habilidad natural y pedía a su padre que le lanzara.

En 1998, se creó la West Delhi Cricket Academy (WDCA). El 30 de mayo de ese año, Prem Kohli, que había propiciado el fervor de su hijo menor por el críquet, ayudó a las aspiraciones de Kohli, de nueve años, y organizó un encuentro con Rajkumar Sharma, quien inicialmente lo percibió como un joven entusiasta y decidido más. Sin embargo, dos semanas después, Sharma quedó impresionado por la precisión y la potencia de lanzamiento de Kohli. Por sugerencia de sus vecinos, el padre de Kohli se planteó inscribir a su hijo en una academia profesional de críquet, ya que creían que sus habilidades merecían algo más que jugar en el críquet de barranco. A pesar de sus aptitudes, se encontró con el contratiempo de no poder conseguir una plaza en el equipo sub-14 de Delhi, no por falta de méritos, sino por factores ajenos a él. Prem Kohli recibió ofertas para trasladar a su hijo a clubes influyentes, lo que habría garantizado su selección, pero declinó las propuestas, pues estaba decidido a que Kohli se ganara su reconocimiento por méritos propios y superara el sistema de nepotismo y engaño imperante en la Asociación de Cricket de Delhi y Distrito (DDCA). Kohli persistió y acabó entrando en el equipo sub-15 de Delhi. Se entrenaba en la academia y, al mismo tiempo, participaba en partidos en la Academia Sumeet Dogra, situada en Vasundhara Enclave. Según los recuerdos de Sharma sobre los primeros días de Kohli en su academia, desprendía un talento extraordinario, por lo que al entrenador le resultaba arduo frenar su entusiasmo. Kohli estaba dispuesto a batear en cualquier posición y, a menudo, Sharma tenía que obligarle físicamente a abandonar las sesiones de entrenamiento, ya que se resistía a marcharse. En su afán por avanzar en su carrera como jugador de críquet, se trasladó al Saviour Convent School durante su educación de noveno grado. La ardiente pasión de Kohli por el críquet le obligaba a recorrer largas distancias con su padre para asegurarse de que nunca se perdía un partido. Con el tiempo, perfeccionó diligentemente sus habilidades y diversificó su gama de golpes, imponiéndose el respeto de los jugadores de bolos locales.

El 18 de diciembre de 2006, Kohli sufrió la pérdida de su padre debido a un ataque cerebral. Durante su infancia, su padre desempeñó un papel crucial en su formación como jugador de críquet. Kohli ha atribuido a su padre el mérito de ser quien le llevaba a entrenar todos los días. Ha expresado que a veces echa de menos la presencia de su padre. Tras el fallecimiento del padre de Kohli, su madre observó un cambio significativo en su personalidad. Kohli pareció madurar de la noche a la mañana y empezó a tomarse en serio todos los partidos de críquet. Sentía aversión a la exclusión de los partidos y, tras el prematuro fallecimiento de su padre, pareció dedicar toda su existencia al críquet. La familia de Kohli residió en Meera Bagh, Paschim Vihar, hasta el año 2015, tras lo cual se trasladaron a Gurgaon.

Juventud y carrera doméstica

Delhi

La carrera de Kohli en el críquet juvenil comenzó en octubre de 2002 en el campo de críquet de Luhnu, en un partido contra el estado anfitrión de Himachal Pradesh. En su debut, Kohli anotó un total de quince carreras. Su primer medio siglo en el críquet nacional llegó en Ferozeshah Kotla, donde anotó 70 carreras contra Haryana. Al final de la temporada, Kohli había acumulado un total de 172 carreras, convirtiéndose en el máximo anotador de su equipo con una media de 34,40. En la temporada 2003-04, Kohli fue nombrado capitán de la selección sub-15. En su primer partido de la temporada, Kohli no logró superar la barrera de los 100 puntos. En su primer partido de la temporada, anotó 54 carreras en la victoria de Delhi sobre Himachal Pradesh. En el siguiente encuentro, contra Jammu y Cachemira, Kohli logró su primer siglo con 119 tantos en un partido organizado por el BCCI. Al final de la temporada, había acumulado un total de 390 carreras con una media de 78, incluidos dos siglos. A finales de 2004, Kohli fue seleccionado para el Trofeo Vijay Merchant 2004-05 con el equipo sub-17 de

Delhi. En los cuatro partidos que disputó, Kohli acumuló un total de 470 carreras, siendo su máxima puntuación 251* carreras. El entrenador del equipo, Ajit Chaudhary, alabó su actuación y quedó especialmente impresionado por su temperamento en el campo. Kohli comenzó la temporada 2005-06 con una puntuación de 227 contra el Punjab. Tras su victoria sobre Uttar Pradesh en cuartos de final, Delhi debía enfrentarse a Baroda en semifinales. El equipo tenía grandes expectativas puestas en Kohli, que había prometido a su entrenador terminar el trabajo. Fiel a su palabra, Kohli anotó 228 carreras y condujo a Delhi a la victoria. Más tarde, el equipo se aseguró el campeonato con una victoria por cinco goles contra el Mumbai, en la que Kohli contribuyó con medio siglo en la primera entrada. Terminó como máximo anotador con un total de 757 carreras en 7 partidos, con una media de 84,11.

El 18 de febrero de 2006, Kohli debutó en la Lista A de críquet, jugando contra Services en el Ranji One-Day Trophy, pero no tuvo la oportunidad de batear durante el partido. En 2006, Kohli atrajo suficiente atención como para ganarse un puesto en la selección absoluta estatal. Posteriormente, debutó en primera el 23 de noviembre de 2006, en el partido inaugural de la temporada del Trofeo Ranji contra Tamil Nadu. Sin embargo, su debut fue breve, ya que fue expulsado tras anotar diez carreras. En una secuencia de tres partidos, Kohli no consiguió anotar ni una sola carrera, lo que llevó a sus entrenadores a aconsejarle. En el siguiente partido, contra el antiguo campeón, Karnataka, Delhi perdía por 130/5, y Kohli seguía imbatido con 40 tantos al final de la jornada. Esa misma noche, el padre de Kohli falleció a las 3:54 a.m. A pesar de la desgarradora noticia, Kohli regresó al partido y continuó bateando y anotó 90 carreras antes de ser expulsado. El entrenador del equipo, Chetan Chauhan, quedó impresionado por la resuelta determinación y la inquebrantable actitud de Kohli ante la adversidad. Venkatesh Prasad también alabó su decisivo golpe, ejecutado en medio de una agitación emocional. Tras su expulsión, Kohli asistió de inmediato al funeral de su padre. Sin embargo, su actuación resultó crucial para Delhi, que pudo evitar el follow-on. El capitán del equipo, Mithun Manhas, elogió a Kohli por su actuación, reconociendo su papel fundamental en el éxito del equipo.

La incursión de Kohli en el críquet T20 tuvo lugar en abril de 2007, durante el Campeonato Interestatal T20, en el que se proclamó máximo corredor de su equipo con 179 carreras a una media de 35,80. En septiembre de 2008, Kohli disputó el Trofeo Nissar contra el SNGPL (vigente campeón del Trofeo Quaid-i-Azam de Pakistán). Fue el máximo goleador de Delhi en ambas entradas, con 52 carreras en la primera y 197 en la segunda. El partido acabó en empate, y el SNGPL se proclamó vencedor gracias a su ventaja en la primera entrada. En la temporada 2009-10 del Ranji Trophy, Kohli regresó al críquet nacional. En un partido contra Maharastra, abrió el bate y anotó 67 carreras, ayudando a Delhi a conseguir el punto extra necesario para la victoria. La actuación de Kohli revitalizó el espíritu competitivo del circuito nacional de críquet. Ashish Nehra observó su crecimiento a lo largo del tiempo y compartió sus pensamientos:

No le vi perder el tiempo. Si no estaba en el campo, estaba ocupado en el gimnasio. Primero lo vi como un chaval burbujeante y regordete que se convirtió en un atleta perfecto. Evidentemente, sus clases de críquet juvenil le han ayudado. No le conocía bien, pero había oído hablar mucho de sus hazañas en el críquet juvenil.

India Sub-19

En julio de 2006, Kohli fue seleccionado para formar parte de la selección sub-19 de la India en su gira por Inglaterra. Hizo una media de 105 en los tres partidos de la serie ODI contra Inglaterra sub-19, y de 49 en los tres partidos de la serie Test. Tras el éxito de la selección sub-19 de la India en las series ODI y Test, el seleccionador del equipo, Lalchand Rajput, destacó la habilidad de Kohli para enfrentarse tanto a los bolos rápidos como a los giratorios y expresó su admiración por su gran destreza técnica. En septiembre, la selección sub-19 de la India viajó a Pakistán. En el primer partido de prueba, Kohli anotó 63 y

28 en la victoria de la India por 271 carreras contra la selección sub-19 de Pakistán. En el segundo partido, contribuyó con 83 carreras a la victoria de India por 240 carreras y una entrada. Concluyó la gira con 80 carreras en el último partido ODI en Lahore. A principios de 2007, Kohli formó parte de la selección sub-19 de la India que viajó a Nueva Zelanda, donde anotó 113 tantos en el primer partido de prueba. La serie terminó en empate (1-1). Al mes siguiente, el equipo viajó a Malasia para disputar una triserie contra Inglaterra sub-19 y Sri Lanka sub-19, en la que Kohli no tuvo muchas oportunidades de batear. En julio-agosto, la selección sub-19 de la India se embarcó en una gira para disputar una serie de tres partidos contra la sub-19 de Sri Lanka y la sub-19 de Bangladesh. Sin embargo, reapareció con 144 y 94 imbatidos en la siguiente serie de pruebas.

En febrero-marzo de 2008, Kohli asumió la capitanía de la selección india que triunfó en la Copa Mundial de Críquet Sub-19 de 2008, celebrada en Malasia. Demostró su capacidad como bateador, acumulando 235 carreras en 6 partidos, con una media de 47, siendo el tercer máximo anotador del torneo y uno de los tres jugadores que lograron un siglo. Su siglo, un golpe de 100 carreras en 74 pelotas, contra los sub-19 de las Indias Occidentales en un encuentro de la fase de grupos, fue elogiado por *ESPNcricinfo* como "la entrada del torneo". Esta entrada allanó el camino para el triunfo por 50 carreras de la India y le valió a Kohli el premio al mejor jugador del partido. Además, la completa actuación de Kohli en la semifinal contra Nueva Zelanda sub-19, en la que consiguió 2 wickets y contribuyó con 43 carreras a la carrera de persecución, fue decisiva para la victoria por 3 wickets de India. En el partido por el título, Kohli logró una modesta puntuación de 19 contra Sudáfrica sub-19. Su contribución contribuyó a la victoria final de la India por 12 carreras (mediante el método D/L).

En junio de 2008, Kohli y sus compañeros de la selección sub-19 Pradeep Sangwan y Tanmay Srivastava recibieron la beca Border-Gavaskar. Esta beca, destinada a perfeccionar las habilidades de los jugadores de críquet elegidos, les brindó la oportunidad de entrenarse durante seis semanas en el Centro de Excelencia de Cricket Australia, en Brisbane. En un intento de identificar talentos potenciales para la selección absoluta, Kohli fue seleccionado para representar a los jugadores emergentes de la India en el Torneo de Jugadores Emergentes de 2008. Su mejor actuación en el torneo fue contra los Jugadores Emergentes de Nueva Zelanda, donde anotó 120 carreras y condujo a la India a una victoria por siete escudos. Con un total de 204 carreras, las actuaciones de Kohli no pasaron desapercibidas para los seleccionadores nacionales, que observaban sus progresos. Comenzó su andadura en el críquet internacional incorporándose a la selección absoluta en

Colombo, tras haber jugado 28 ODI sub-19 y 12 Tests sub-19.

Carrera internacional

2008-2009: Debut y primera temporada

En agosto de 2008, Kohli fue incluido en la selección del ODI para la gira por Sri Lanka y el Trofeo de Campeones en Pakistán. Antes de la gira por Sri Lanka, Kohli tenía una experiencia limitada, con sólo ocho partidos de la Lista A en su haber. Por ello, su selección se consideró una "convocatoria sorpresa". Durante la gira por Sri Lanka, Sachin Tendulkar y Virender Sehwag no pudieron jugar debido a sendas lesiones, por lo que Kohli tuvo que desempeñar el papel de abridor improvisado durante toda la serie. El 18 de agosto de 2008, Kohli debutó como internacional con 19 años en el primer ODI de la gira, en el que fue expulsado por 12 carreras, al ser sorprendido por Nuwan Kulasekara. Sin embargo, en el cuarto partido de la serie, Kohli anotó su medio siglo inaugural en el formato ODI, con un total de cincuenta y cuatro carreras anotadas.

Tras el aplazamiento del Trofeo de Campeones a 2009, Kohli fue elegido como sustituto del lesionado Shikhar Dhawan en la selección de la India A para las pruebas no oficiales contra Australia A en septiembre de 2008. A pesar de sus escasas oportunidades, consiguió dejar huella en la única entrada en la que participó, anotando

49 carreras. En octubre de 2008, Kohli participó en un partido de la gira de cuatro días contra Australia como parte del equipo del Presidente de la Junta de la India XI. El partido contó con una formidable alineación de bolos australianos formada por Brett Lee, Stuart Clark, Mitchell Johnson, Peter Siddle y Jason Krejza. A pesar de ello, Kohli hizo gala de su habilidad como bateador al anotar 105 carreras en la primera entrada y 16 carreras invicto en la segunda, demostrando así su capacidad para enfrentarse a competiciones internacionales de alto nivel.

En noviembre de 2008, Kohli fue seleccionado para formar parte de la selección que disputaría la serie de ODI contra Inglaterra. Sin embargo, no tuvo la oportunidad de jugar ninguno de los partidos. En diciembre de 2008, la Junta de Control del Cricket en la India (BCCI) le concedió un contrato de grado D como parte de la lista anual de contratos de la selección nacional india, que le daba derecho a percibir 1,5 millones de libras (equivalentes a 4,2 millones de libras o 52.000 dólares en 2023). A pesar de que se le concedió un contrato, en enero, Kohli fue descartado para la serie ODI de cinco partidos contra Sri Lanka en Sri Lanka.

En julio-agosto de 2009, Kohli fue seleccionado para participar en el Torneo de Jugadores Emergentes, celebrado en Australia. Fue elegido para abrir las entradas del equipo indio de jugadores emergentes en el torneo, y tuvo una actuación destacada. Kohli terminó como máximo anotador del torneo, con un total de 398 carreras en siete partidos, a una media de 66,33. Estuvo especialmente impresionante en el último partido del torneo, en el que se impuso a su rival. Su actuación fue especialmente impresionante en el último partido, en el que anotó 104 carreras en 102 pelotas contra el equipo de jugadores emergentes de Sudáfrica en Brisbane. Su gran actuación contribuyó a la victoria de su equipo por 17 carreras y al título del torneo. Al término del torneo, Kris Srikkanth, presidente del comité de selección nacional indio, expresó su admiración por la actuación de Kohli durante el torneo. Más tarde, Kohli declaró que este torneo había supuesto un "punto de inflexión" en su carrera.

En agosto de 2009, Kohli regresó a la selección nacional tras recuperarse de una leve lesión de hombro, y sustituyó al lesionado Gautam Gambhir en la selección india para las tres series de Sri Lanka. También fue utilizado como bateador de medio orden en el Trofeo de Campeones de la ICC de 2009 debido a una lesión sufrida por Yuvraj Singh. En diciembre de ese año, fue incluido en el equipo para la serie de ODI en casa contra Sri Lanka y anotó 27 y 54 en los dos primeros ODI antes de dejar paso a Yuvraj, que recuperó la forma física para el tercer ODI. Sin embargo, debido a la reaparición de una lesión en un dedo, Yuvraj fue descartado indefinidamente, lo que propició el regreso de Kohli al equipo en el cuarto ODI en Calcuta. En ese partido, Kohli anotó su primer siglo en un ODI -107 en 114 pelotas- al tiempo que compartía con Gambhir una tercera pareja de 224 carreras. Gracias a esta actuación, India ganó por siete wickets y sentenció la serie por 3-1.

2010-2011: Ascenso de categoría

En enero de 2010, Kohli tuvo la oportunidad de participar en el torneo ODI trinacional de Bangladesh, ya que Tendulkar estaba de descanso. Durante la serie, Kohli se convirtió en el tercer jugador indio que anotaba dos centenarios en partidos ODI antes de cumplir los 22. Fue muy elogiado por sus actuaciones y, en última instancia, se convirtió en el máximo anotador de la serie, con 275 carreras en cinco entradas y una impresionante media de 91,66 puntos. Tras el partido, el capitán indio MS Dhoni declaró sobre Kohli que "ha aprovechado sus oportunidades" y que "ahora ha madurado". Dhoni añadió: "Para nosotros, es un 'tipo humilde'. Puede que al resto del mundo le parezca diferente".

La primera incursión de Kohli en el liderazgo a escala internacional se produjo en mayo-junio de 2010, cuando fue nombrado vicecapitán para la tri-serie contra Sri Lanka y Zimbabue en Zimbabue. Este nombramiento se produjo cuando muchos jugadores consagrados descansaban para la gira. Sin embargo, en el primer partido, Kohli fue expulsado por un pato, sin enfrentarse a un solo envío, un modo de expulsión raro e inusual. A pesar de este contratiempo, Kohli se convirtió en el bateador indio que más rápido alcanzó las 1.000 carreras en partidos internacionales, un hito que logró en 24 entradas. Kohli también debutó en un T20 internacional contra Zimbabue en Harare, donde anotó 26 tantos sin perder. Ese mismo mes, durante la Copa de Asia 2010, Kohli fue incluido en el equipo indio y se le asignó el puesto de bateador número tres. Sin embargo, comenzaron sus problemas de forma, ya que anotó un total de 67 carreras con una media de 16,75. Este bajo estado de forma también se reflejó en las tri-series contra Sri Lanka y Nueva Zelanda en Sri Lanka, donde su promedio fue de apenas 15.

A pesar de sus recientes problemas de forma, Kohli permaneció en la selección india para disputar una serie de tres partidos contra Australia en octubre. En el único partido completo de la serie, celebrado en Visakhapatnam, Kohli anotó un siglo, lo que le valió el premio al hombre del partido. Reconoció con franqueza que estaba sometido a una gran presión para mantener su puesto en el equipo, dados sus fracasos anteriores en las series precedentes. En la serie de ODI contra Nueva Zelanda, Kohli anotó otra centena en el primer partido, que supuso su cuarta centena en ODI y la segunda consecutiva. El equipo indio salió victorioso con un 5-0 sobre Nueva Zelanda, y las excepcionales actuaciones de Kohli en la serie consolidaron su posición en el equipo de ODI y le convirtieron en un firme candidato a ocupar un puesto en la selección india para la Copa Mundial. Kohli fue el máximo anotador de la India en 2010, con 995 carreras en 25 partidos y una media de 47,38, incluidos tres siglos y siete medios centurias.

Kohli fue el máximo anotador de la India en los cinco partidos de la gira sudafricana de enero de 2011, con 193 carreras, dos de ellas de cincuenta, ambas en derrotas indias. Durante la serie, ascendió al segundo puesto en la clasificación del ICC de bateadores masculinos de ODI, y fue incluido en la lista de 15 hombres de la India para la Copa Mundial.

Kohli jugó todos los partidos de la exitosa campaña de la India en la Copa Mundial. En el primer partido, contra Bangladesh, anotó 100 tantos sin perder y se convirtió en el primer bateador indio que marcaba un siglo en su debut en la Copa Mundial. En la final contra Sri Lanka en Mumbai, anotó 35, compartiendo una asociación de 83 carreras con Gambhir en el tercer wicket después de que India perdiera a sus dos abridores en siete overs mientras perseguía 275.

Avance en el críquet Test

Cuando la India viajó a las Indias Occidentales en junio-julio de 2011, seleccionó a un equipo en gran parte inexperto, dando descanso a Tendulkar, mientras que otros como Gambhir y Sehwag se quedaron fuera debido a lesiones. Kohli era uno de los tres jugadores que no habían jugado en la selección absoluta. Kohli debutó en Kingston en el primer partido de la serie de pruebas que se disputó a continuación. Bateó en la 5ª posición y fue expulsado con 4 y 15 puntos, atrapado por Fidel Edwards en ambas entradas. India ganó la serie por 1-0, pero Kohli sólo acumuló 76 carreras en cinco entradas, con dificultades contra la bola corta.

Fue descartado de la selección para la serie de cuatro partidos que la India disputó en Inglaterra en julio y agosto debido a su bajo rendimiento en su debut. Sin embargo, Kohli fue convocado para sustituir al lesionado Yuvraj, aunque no llegó a jugar ningún partido de aquella serie. Tuvo un éxito moderado en las siguientes series de ODI, en las que promedió 38,80 puntos. Su puntuación de 55 en el primer ODI en Chester-le-Street fue seguida de una serie de puntuaciones bajas en los tres partidos siguientes. En el último partido de la serie, disputado en Cardiff, Kohli anotó su sexto centenar en un ODI -107 carreras en 93 pelotas- y compartió una asociación de 170 carreras con Rahul Dravid, que jugaba su último partido en un ODI. Fue la única centena de la serie conseguida por un jugador de cualquiera de los dos equipos y le valió elogios por su "duro trabajo" y su "madurez".

En octubre de 2011, Kohli fue el máximo anotador de carreras en la serie de cinco partidos de la ODI contra Inglaterra, que India ganó por 5-0. Anotó un total de 270 carreras en cinco partidos a una media de 90. En Delhi anotó 112 imbatidos en 98 pelotas, y formó un tándem ininterrumpido de 209 carreras con Gambhir; en Mumbai anotó 86, ambos en persecuciones exitosas. Gracias a su éxito en los ODI, Kohli fue incluido en la selección de prueba para enfrentarse a las Indias Occidentales en noviembre. Fue seleccionado para el último partido de la serie en Mumbai, en el que anotó un par de cincuentenas. India se impuso por 4-1 en la siguiente serie de partidos ODI, en la que Kohli logró acumular 243 carreras a 60,75 puntos. Durante la serie, Kohli anotó su octavo siglo en los ODI y el segundo en Visakhapatnam, donde hizo 117 en 123 pelotas en la persecución de 270 carreras de la India. Un golpe que aumentó su reputación de "experto en la persecución". Kohli terminó como el máximo anotador de carreras en los ODI del año 2011, con 1.381 carreras en 34 partidos a 47,62, incluidos cuatro siglos y ocho cincuentenas.

Durante la gira por Australia en diciembre de 2011, Kohli no pasó de 25 en las dos primeras pruebas, ya que su técnica defensiva quedó al descubierto. Durante la segunda jornada del segundo partido, en Sídney, mientras jugaba en el límite del campo, hizo un gesto al público con el dedo corazón, por lo que el árbitro del partido le impuso una multa del 50% de sus honorarios. Fue el máximo anotador en cada una de las entradas de India en la tercera prueba, en Perth, con 44 y 75 puntos, a pesar de que India sufrió su segunda derrota consecutiva. En el cuarto y último partido, disputado en Adelaida, Kohli anotó su primer siglo en una prueba, 116 carreras en la primera entrada. India sufrió una derrota por 0-4 y Kohli, el máximo anotador de la serie, fue descrito como "el único punto positivo en una visita de pesadilla para los turistas".

2012-2013: Ascenso en ODI y ascensión a la vicecapitanía

En los siete primeros partidos de la serie triangular del Commonwealth Bank que la India disputó contra el país anfitrión, Australia, y Sri Lanka, Kohli anotó dos 50: 77 en Perth y 66 en Brisbane, ambos contra Sri Lanka. Cuando Sri Lanka le fijó un objetivo de 321, Kohli salió al campo con el marcador de la India en 86/2 y anotó 133 tantos sin anotar en 86 pelotas para llevar a la India a una cómoda victoria a falta de 13 overs. India ganó un punto extra con la victoria y Kohli fue nombrado Jugador del Partido por su golpe. El ex jugador de críquet y comentarista australiano Dean Jones calificó la actuación de Kohli como "uno de los mejores golpes de todos los tiempos en un partido ODI". Sin embargo, Sri Lanka venció a Australia tres días más tarde en su último partido del grupo y eliminó a India de la serie. Con 373 carreras a 53,28, Kohli fue el máximo anotador de la India y el único centurión de la serie.

Kohli fue nombrado vicecapitán para la Copa de Asia de 2012 en Bangladesh tras su excelente actuación en Australia. Kohli estuvo en plena forma durante el torneo y terminó como máximo anotador, con 357 carreras a una media de 119. En el último partido de la fase de grupos, contra Pakistán, marcó su mejor registro personal con 183 tantos en 148 pelotas, su undécimo siglo en un partido de la liga india. Ayudó a India a alcanzar los 330 puntos, su mayor éxito en una ODI en aquel momento. Su golpe fue la puntuación individual más alta en la historia de la Copa Asia, superando el récord anterior de 144 de Younis Khan en 2004, y la segunda puntuación más alta junto con Dhoni en una persecución de carreras en un ODI; también se convirtió en la puntuación individual más alta contra Pakistán en ODIs. Kohli fue elegido mejor jugador del partido en los dos encuentros que ganó India, aunque no pudo pasar a la final del torneo.

En julio-agosto de 2012, Kohli logró dos siglos en la gira de cinco partidos ODI por Sri Lanka, 106 en 113 pelotas en Hambantota y 128* en 119 pelotas en Colombo, ganando el premio al hombre del partido en ambos partidos. India ganó la serie por 4-1 y Kohli fue nombrado mejor jugador de la serie. En el único T20I que se disputó a continuación, anotó 68 tantos con 48 pelotas, su primera cincuentena en un T20I, y volvió a ganar el premio al mejor jugador de la serie. Siguió en buena forma durante el ICC World Twenty20 de 2012 en Sri Lanka, con 185 carreras fue el bateador indio que más carreras anotó; logró dos cincuentenas durante el torneo, contra Afganistán y Pakistán, y ganó el premio al mejor jugador del partido por sus dos entradas. Por sus actuaciones fue incluido en el "Equipo del Torneo" del ICC.

La forma de Kohli en los test decayó durante los tres primeros partidos de la gira inglesa por la India, entre octubre de 2012 y enero de 2013, con una puntuación máxima de 20 y con Inglaterra liderando la serie por 2-1. Superando su mala racha, anotó unos pacientes 103 en 295 pelotas en el último partido. Sin embargo, el partido terminó en empate e Inglaterra ganó su primera serie de pruebas en la India en 28 años. Contra Pakistán en diciembre de 2012, Kohli promedió 18 en los T20I y 4,33 en los ODI. Los lanzadores rápidos le causaron problemas, especialmente Junaid Khan, que le expulsó en las tres ocasiones que disputó en la serie de ODI. Kohli tuvo una serie ODI tranquila contra Inglaterra, aparte de un 77* ganador del partido en el tercer ODI con un total de 155 carreras a una media de 38,75. En febrero de 2013, Kohli anotó en Chennai su cuarto siglo en una prueba (107) en el primer partido de la serie de pruebas en casa contra Australia. La India se impuso por 4-0 y se convirtió en el primer equipo que blanqueaba a Australia en más de cuatro décadas. Kohli promedió 56,80 en la serie.

En junio de 2013, Kohli participó en el Trofeo de Campeones del ICC en Inglaterra, que ganó India. Marcó 144 contra Sri Lanka en el partido de preparación. Su puntuación fue moderada en los partidos de grupo de la India contra Sudáfrica, las Indias Occidentales y Pakistán, respectivamente. En sincronía, India se clasificó para semifinales con un récord de imbatibilidad. En la semifinal contra Sri Lanka en Cardiff, anotó 58* en la victoria por ocho wickets de India. La final entre India e Inglaterra en Birmingham se redujo a 20 overs tras un retraso por la lluvia. India bateó primero y Kohli anotó 43 tantos en 34 lanzamientos, ayudando a India a alcanzar 129/7 en 20 overs. India se impuso por cinco carreras y sumó su segunda victoria consecutiva en el torneo ODI del ICC. Kohli también fue nombrado miembro del "Equipo del Torneo" por el ICC.

Establecer récords y la era post-Tendulkar

Kohli asumió la capitanía en el primer ODI de la serie triangular en las Indias Occidentales después de que Dhoni se lesionara durante el partido; Kohli fue nombrado capitán para los partidos restantes. En su segundo partido como capitán, Kohli anotó su primer siglo como tal, 102 en 83 pelotas contra las Indias Occidentales en Puerto España, en una victoria por puntos extra para la India. Muchos jugadores veteranos, incluido Dhoni, descansaron para la gira de cinco partidos ODI por Zimbabue en julio de 2013. Por lo tanto, Kohli fue nombrado capitán para toda la serie. En el primer partido de la serie, disputado en Harare, anotó 115 carreras en 108 pelotas, ayudando a la India a perseguir el objetivo de 229 y ganando el premio al hombre del partido. India se impuso por un contundente 5-0, el primero en una serie de ODI fuera de casa.

Kohli tuvo éxito con el bate en la serie de siete partidos ODI contra Australia. Después de anotar 61 tantos en la derrota inicial en Pune, en el segundo partido, en Jaipur, logró la centena más rápida de un indio en partidos ODI. Alcanzó el hito en sólo 52 pelotas y formó una pareja ininterrumpida de 186 carreras en el segundo wicket con Rohit Sharma, en 17,2 overs. Las 100* entradas de Kohli ayudaron a India a alcanzar el objetivo de 360 con más de seis overs de sobra. Esta persecución fue la segunda más exitosa en el cricket ODI en ese momento, mientras que el golpe de Kohli se convirtió en el siglo más rápido contra Australia y el tercero más rápido en una persecución. En el sexto ODI, disputado en Nagpur, anotó 115 tantos en sólo 66 pelotas para ayudar a la India a alcanzar el objetivo de 351 e igualar la serie (2-2). Alcanzó la cifra de tres dígitos en 61 pelotas, lo que le convirtió en el tercer bateador indio que más rápido lograba una centena en un ODI. Posteriormente, se convirtió en el bateador más rápido del mundo en anotar 17 centenas en un ODI. India ganó la serie tras imponerse en el último partido, en el que fue eliminado por un pato. Al término de la serie, Kohli alcanzó por primera vez en su carrera la primera posición en la clasificación de bateadores ODI del ICC.

Kohli bateó dos veces en los dos partidos de la serie de pruebas contra las Indias Occidentales, y obtuvo puntuaciones de 3 y 57 . Ésta fue también la última serie de pruebas para Tendulkar y se esperaba que Kohli ocupara el puesto de bateador número 4 de Tendulkar después de la serie. En el primer partido de la serie de tres ODI que siguió en Kochi, Kohli hizo 86 para sellar una victoria de seis wicket y ganó el hombre del partido. En el siguiente partido, en Visakhapatnam, no pudo alcanzar su tercer siglo al ser expulsado por 99 tantos con un golpe de gancho de Ravi Rampaul. India perdió el partido por dos wickets, pero se llevó la serie por 2-1 tras ganar el partido decisivo en Kanpur. Con 204 carreras a 68,00, Kohli terminó la serie como el máximo corredor y fue galardonado con el premio al hombre de la serie. India realizó una gira por Sudáfrica en diciembre de 2013 para disputar tres ODI y dos Tests. Kohli promedió 15,50 en los ODI, incluido un pato. En la primera prueba, en Johannesburgo, Kohli, que jugaba su primera prueba en Sudáfrica y bateaba de 4 por primera vez, anotó 119 y 96 tantos. Su centena fue la primera de un bateador del subcontinente en ese escenario desde 1998. El partido terminó en empate y Kohli fue elegido mejor jugador del partido. India no pudo ganar ni un solo partido de la gira y perdió la segunda prueba por 10 wickets, en la que Kohli anotó 46 y 11 tantos.

2014: Copa del Mundo T20 y asunción de la capitanía de los Test

Durante la gira neozelandesa, promedió 58,21 en los cinco partidos de la serie ODI. Sin embargo, sus esfuerzos fueron en vano, ya que India cayó derrotada por 4-0. Hizo 214 carreras a 71,33 en los dos partidos de la serie de pruebas que siguieron, incluyendo un 105 imbatido en el último día de la segunda prueba en Wellington, que ayudó a India a salvar el partido. A continuación, India viajó a Bangladesh para disputar la Copa de Asia y el Mundial Twenty20. Dhoni quedó descartado para la Copa Asia tras sufrir una distensión en el costado durante la gira por Nueva Zelanda, lo que llevó a Kohli a ser nombrado capitán del torneo. Kohli anotó 136 tantos en 122 pelotas en el partido inaugural de la India contra Bangladesh, compartiendo el tercer puesto con Ajinkya Rahane (213 carreras), lo que ayudó a la India a conseguir 280 puntos. Fue su decimonoveno siglo en un ODI y el quinto en Bangladesh, lo que le convierte en el bateador con más siglos en ODI en Bangladesh. India quedó eliminada del torneo tras perder por la mínima contra Sri Lanka y Pakistán, en los que Kohli anotó 48 y 5 goles respectivamente. Dhoni regresó de su lesión para capitanear al equipo en el Mundial Twenty20 de 2014, mientras que Kohli fue nombrado vicecapitán. Anotó 54 de 41 bolas en el partido contra las Indias Occidentales y un invicto 57 de 50 bolas contra Bangladesh, ambos en persecuciones de carreras exitosas. En la semifinal, logró un 72 imbatido en 44 entregas para ayudar a la India a alcanzar el objetivo de 173 puntos. Fue elegido mejor jugador del partido por su actuación. En la final contra Sri Lanka, India se fijó un objetivo de 130/4, y Kohli anotó 77 tantos en 58 balones. A pesar de su actuación, India perdió el partido por seis wickets. Kohli hizo un total de 319 carreras en el torneo, con una media de 106,33, el récord de más carreras de un bateador en un solo Mundial Twenty20. Por su hazaña ganó el premio al Mejor Jugador del Torneo.

La gira de Kohli por Inglaterra fue todo un reto, marcada por una serie de actuaciones decepcionantes. Anotó un total de 134 carreras en 10 entradas, a una media de 13,4, con una puntuación máxima de 39. Fue expulsado en seis ocasiones con una puntuación de un solo dígito. En seis ocasiones fue expulsado por anotaciones de un solo dígito, y parecía tener dificultades sobre todo con los lanzamientos oscilantes dirigidos a su muñón. Esto provocó varias expulsiones por medio de bordes atrapados por el guardameta o los jardineros. James Anderson, elegido Mejor Jugador de la Serie, fue el encargado de expulsar a Kohli con cuatro de sus wickets. La técnica y la habilidad de Kohli como bateador fueron objeto de análisis y críticas por parte de expertos en críquet y ex jugadores después de la serie. A pesar de que India salió victoriosa en la siguiente serie de ODI por 3-1, el rendimiento como bateador de Kohli no experimentó una mejora significativa. Anotó una media de 18 carreras en cuatro entradas, en la serie ODI. Sin embargo, en el único partido de los T20I, resurgió con un 66 en 41 bolas, su primera anotación de más de 50 durante la gira. A pesar de la derrota de la India en el partido por un margen de tres carreras, la actuación de Kohli le valió el primer puesto en la clasificación de bateadores de T20I del ICC.

Kohli tuvo un buen momento durante la victoria de la India en la serie ODI contra las Indias Occidentales en octubre de 2014. Su 62 en el segundo ODI en Delhi fue su primer cincuenta en Tests y ODIs en 16 entradas desde febrero y declaró que recuperó su "confianza" con las entradas. Dhoni descansó para la serie de cinco ODI contra Sri Lanka en noviembre, lo que permitió a Kohli liderar al equipo en otra serie completa. Kohli bateó en el puesto 4 durante toda la serie y mostró una moderada capacidad de bateo en los cuatro primeros ODI, en los que India lideró la serie por 4-0. En el quinto ODI, disputado en Ranchi, anotó 139 imbatidos en 126 pelotas, lo que dio a su equipo una victoria por tres wickets y una victoria por la mínima sobre Sri Lanka. Kohli fue galardonado con el premio al mejor jugador de la serie y fue la segunda victoria blanca bajo su capitanía. Durante la serie, se convirtió en el bateador más rápido del mundo en superar la barrera de las 6.000 carreras en ODI. Con 1.054 carreras en ODI a 58,55 en 2014, se convirtió en el segundo jugador del mundo, después de Sourav Ganguly, en superar las 1.000 carreras en ODI durante cuatro años naturales consecutivos.

En la primera prueba de la gira australiana en diciembre de 2014, Dhoni no formó parte del equipo indio en Adelaida debido a una lesión y Kohli tomó las riendas como capitán de la prueba por primera vez. Kohli anotó 115 tantos en la primera entrada de la India, convirtiéndose en el cuarto indio en marcar un centenar en su debut como capitán. En su segunda entrada, India se fijó un objetivo de 364 en la quinta jornada. Kohli anotó 185 carreras en el tercer wicket con Murali Vijay antes de la expulsión de éste, que desencadenó el colapso del bateo. Tras 242/2, India fue derrotada por 315, con 141 tantos de Kohli en 175 pelotas.

Dhoni regresó al equipo como capitán para el segundo partido, en Brisbane, donde Kohli anotó 19 y 1 en la derrota de India por cuatro goles a cero. En la prueba del

Boxing Day de Melbourne, logró su mejor marca personal en una prueba (en aquel momento) con 169 puntos en la primera entrada, al tiempo que compartía una asociación de 262 carreras con Rahane, la mayor asociación de India fuera de Asia en diez años. Kohli siguió con una puntuación de 54 en la segunda entrada de la India en el quinto día, ayudando a su equipo a empatar el partido de prueba. Dhoni anunció su retirada del críquet a la conclusión de este partido y Kohli fue nombrado capitán a tiempo completo antes de la cuarta prueba en Sydney. Como capitán del equipo por segunda vez, Kohli anotó 147 carreras en la primera entrada del partido y se convirtió en el primer bateador en la historia del críquet que anota tres centenas en sus tres primeras entradas como capitán. En la segunda entrada, fue eliminado por 46 y el partido terminó en empate. El total de 692 carreras de Kohli en cuatro Pruebas es el mayor de cualquier bateador indio en una serie de Pruebas en Australia.

2015-2016: Mundiales y éxitos limitados

El estado de forma de Kohli en el periodo previo a la Copa Mundial no era el mejor, como demuestran sus resultados de 18 y 5 en los partidos de preparación contra Australia y Afganistán. A pesar de su bajo nivel en los partidos de preparación, Kohli supo estar a la altura de las circunstancias y protagonizó una gran actuación en el primer partido de la Copa Mundial, contra Pakistán en Adelaida, al anotar 107 carreras en 126 lanzamientos. Esta hazaña le valió el premio al mejor jugador del partido y le convirtió en el primer bateador indio que anotaba un siglo contra Pakistán en un partido de la Copa Mundial. En el segundo partido de India en el torneo, contra Sudáfrica, Kohli fue expulsado por 46 tantos. A pesar de este contratiempo, India logró una contundente victoria por 130 carreras. En los cuatro partidos de grupo siguientes, India bateó en segunda posición, y Kohli mantuvo su buena forma, contribuyendo al éxito del equipo con una serie de actuaciones constantes. Anotó 33* contra Emiratos Árabes Unidos, 33 contra las Indias Occidentales, 44* contra Irlanda y 38 contra Zimbabue, respectivamente. India se aseguró la victoria en los cuatro encuentros y encabezó el Grupo B con un registro invicto. Durante un partido de semifinales muy esperado, contra Australia en Melbourne, el equipo indio sufrió la eliminación del torneo. A pesar de las grandes expectativas puestas en su actuación, los esfuerzos de India se vieron frustrados en última instancia por su rival. En esta contienda, Kohli fue eliminado por un gol en 13 lanzamientos.

Kohli tuvo un bajón de forma en la gira de la India por Bangladesh en junio de 2015. Solo aportó 14 en el único test que acabó en empate y promedió 16,33 en la serie de ODI que Bangladesh ganó por 2-1. Kohli puso fin a su racha de bajas puntuaciones al anotar su undécimo centenar en la primera prueba de la gira por Sri Lanka, que India perdió. India ganó los dos partidos siguientes para sentenciar la serie por 2-1, la primera victoria de Kohli como capitán de un equipo de pruebas y la primera victoria de India fuera de casa en cuatro años. Durante la gira sudafricana por la India, Kohli se convirtió en el bateador más rápido del mundo en conseguir 1.000 carreras en T20I, alcanzando el hito en su 27ª entrada. En la serie ODI, logró un siglo en el cuarto ODI, en Chennai, que ayudó a India a ganar e igualar la serie. India perdió la serie tras una derrota en el último ODI y Kohli terminó la serie con una media de 49. India remontó y venció al equipo sudafricano, mejor clasificado, por 3-0 en la serie de cuatro partidos de Test bajo la capitanía de Kohli, y ascendió al puesto número dos de la clasificación de Test del ICC. Virat anotó un total de 200 carreras en la serie, con una media de 33,33.

Kohli comenzó 2016 con puntuaciones de 91 y 59 en los dos primeros ODI de la gira por Australia. Siguió con un par de centenas, una carrera por bola de 117 en Melbourne y 106 de 92 bolas en Canberra. En el transcurso de la serie, se convirtió en el bateador más rápido del mundo en cruzar la barrera de las 7.000 carreras en los ODI, alcanzando el hito en su 161ª entrada, y en el más rápido en llegar a los 25 siglos. Después de que la serie de ODI terminara con una derrota por 1-4, el equipo indio remontó y blanqueó a los australianos por 3-0 en la serie de T20I. Kohli alcanzó la cincuentena en los tres T20I con puntuaciones de 90*, 59* y 50, y ganó dos premios al mejor jugador del partido y al mejor jugador de la serie. También fue decisivo para que la India ganara la Copa de Asia en Bangladesh el mes siguiente, donde anotó 49 en una carrera de 84 contra Pakistán, seguido de un 56 invicto contra Sri Lanka y 41 no out en la final contra Bangladesh.Kohli mantuvo su buena forma en el ICC World Twenty20 2016 en la India, anotando 55 * en otra exitosa carrera contra Pakistán. En el partido de grupo contra Australia, en el que la India debía ganar, anotó un 82 invicto en 51 bolas, en "una entrada de pura clase" con "golpes limpios de críquet". Contribuyó a que India ganara por seis wickets y se clasificara para semifinales. En la semifinal, Kohli fue el máximo anotador, con un invicto 89 en 47 envíos, pero las Indias Occidentales superaron el total de 192 de la India y pusieron fin a la campaña del país. Su total de 273 carreras en cinco partidos, con una media de 136,50, le valió su segundo premio consecutivo al Mejor Jugador del Torneo en el Mundial Twenty20. Fue nombrado capitán del "Equipo del Torneo" del Mundial Twenty20 de 2016 por el ICC.

Kohli, que jugaba su primera prueba en las Indias Occidentales desde su debut, anotó 200 tantos en la primera prueba, celebrada en Antigua, y consiguió una victoria de 92 carreras para la India, la mayor de su historia fuera de Asia. Fue su primer doble centenar en el críquet de primera categoría y el primero de un capitán indio fuera de casa en una prueba. India se adjudicó la serie por 2-0 y ocupó brevemente el primer puesto de la clasificación de pruebas del ICC, antes de ser desplazada por Pakistán. Anotó otro doble centenar, 211 en Indore, en la tercera prueba contra Nueva Zelanda, en la victoria por 3-0 de la India, que recuperó la primera posición en la clasificación de pruebas del ICC.

2017-2018: Bateo dominante y liderazgo

Kohli consiguió dos centurias en las dos series de pruebas siguientes, contra Inglaterra y Bangladesh, lo que le convirtió en el primer bateador de la historia en conseguir dos centurias en cuatro series consecutivas. Rompió el récord del gran australiano Donald Bradman y de Rahul Dravid, que habían conseguido tres. Contra Inglaterra anotó 235, su mejor marca en una prueba.

Kohli tuvo la oportunidad de ser capitán en un torneo del ICC por primera vez en el Trofeo de Campeones del ICC de 2017. En la semifinal contra Bangladesh, Kohli anotó 96* y se convirtió en el bateador más rápido en alcanzar las 8.000 carreras en ODI en 175 entradas. India llegó a la final, pero perdió contra Pakistán por 180 carreras. En la tercera entrada india, Kohli fue derribado en el slips por sólo cinco carreras, pero en la siguiente bola fue atrapado por Shadab Khan en el punto, bajo los lanzamientos de Mohammad Amir. Kohli también formó parte del "Equipo del Torneo" en el Trofeo de Campeones 2017 del ICC.

Kohli prolongó su buen momento de forma con sendas centurias ODI contra las Indias Occidentales y Sri Lanka en series consecutivas, igualando la marca de 30 centurias ODI de Ricky Ponting. En octubre de 2017, fue nombrado mejor jugador de la serie de ODI contra Nueva Zelanda por marcar dos siglos de ODI, durante la cual estableció un nuevo récord de más carreras (8.888), mejor promedio (55,55) y mayor número de siglos (31) para cualquier bateador al completar 200 ODI. Kohli batió varios récords más durante la serie de tres partidos de prueba contra Sri Lanka en noviembre. Después de anotar un siglo y un doble siglo en las dos primeras pruebas, acabó anotando otro doble siglo en la tercera prueba, durante la cual se convirtió en el undécimo bateador indio en superar las 5.000 carreras en pruebas de críquet, al tiempo que anotaba su vigésimo siglo en pruebas y su sexto doble siglo. Durante este partido también se convirtió en el primer bateador en marcar seis dobles centenas como capitán. Con 610 carreras en la serie, Kohli también se convirtió en el jugador indio que más carreras ha anotado en una serie de tres partidos y el cuarto en total. India ganó cómodamente la serie de tres partidos por 1-0 y Kohli fue elegido mejor jugador del partido en el segundo y tercer partido de las pruebas y mejor jugador de la serie. Con esta victoria, India igualó a Australia en el récord de nueve victorias consecutivas en series de cricket de prueba. Terminó el año con 2.818 carreras internacionales, la tercera mejor marca de la historia en un año natural y la más alta de un jugador indio. El ICC nombró a Kohli capitán de su World Test XI y de su ODI XI para 2017. Kohli promedió mucho en los partidos de prueba ya que India perdió 1-2 durante la gira por Sudáfrica en 2018, pero regresó con fuerza para anotar 558 carreras en los 6 ODI haciendo un récord para las carreras más altas anotadas en una serie bilateral de ODI. Esto incluyó tres siglos, permaneciendo invicto en dos con una mejor marca de 160*. India ganó la serie ODI 5-1 y Kohli se convirtió en el primer capitán indio en ganar una serie ODI en Sudáfrica.

En marzo de 2018, Kohli mostró interés por jugar al críquet de condado en Inglaterra en junio para mejorar su bateo antes del inicio de la gira de la India a Inglaterra el mes siguiente. Firmó para jugar en Surrey, pero una lesión en el cuello le dejó fuera de su etapa en Inglaterra antes incluso de que empezara. El 2 de agosto, Kohli anotó su primer siglo en suelo inglés, en el primer partido de la serie contra Inglaterra. El 5 de agosto, Kohli desplazó a Steve Smith y se convirtió en el bateador de pruebas número 1 en la clasificación de pruebas del ICC. También se convirtió en el séptimo bateador indio y el primero desde Sachin Tendulkar en junio de 2011 en lograr esta hazaña. En la tercera prueba en Trent Bridge, Nottingham, Kohli anotó 97 y 103 y ayudó a India a ganar por 203 carreras. Al final de la serie de cinco partidos, Kohli anotó 593 carreras, la tercera mejor marca de un bateador indio en una serie de pruebas con derrota. El rendimiento constante de Kohli en la serie contra la bola en movimiento, cuando otros bateadores no lograron rendir, fue aclamado por los medios británicos como uno de sus mejores. *The Guardian* describió la exhibición de bateo de Kohli como "una de las mayores exhibiciones de bateo en una causa perdida".

Durante la serie ODI contra las Indias Occidentales en 2018, Kohli consiguió un logro digno de mención. Se convirtió en el duodécimo bateador en acumular 10.000 carreras ODI en ODI y logró esta hazaña a un ritmo sin precedentes, superó este hito en 54 entradas menos que Sachin Tendulkar, el jugador que ostenta el récord de ser el segundo más rápido en alcanzar el hito. En el transcurso de la prueba, anotó su 37º siglo en un ODI. El 27 de octubre, Kohli se convirtió en el primer bateador de la India, en el primer capitán y en el décimo en total que anotaba tres centurias consecutivas en ODI. Acabó anotando 453 carreras en 5 entradas con una media de 151,00 en la serie de 5 partidos y fue elegido mejor jugador de la serie.

El 16 de diciembre de 2018 en el Trofeo Border Gavaskar 2018-2019, Kohli anotó su 25º test hundred en Perth. Su golpe de 123 fue su sexto centenar en tres giras a Australia, convirtiéndose en el único indio en anotar 6 centenas de prueba en Australia después de Sachin Tendulkar. También se convirtió en el indio más rápido y el segundo más rápido en total (125 entradas) en anotar 25 centenas en test, sólo superado por Donald Bradman (68 entradas); que fue superado por Steven Smith durante los Ashes de 2019 (119 entradas). El golpe de Kohli fue calificado por varios analistas y exjugadores de críquet como uno de sus mejores contra un ataque australiano de calidad. Aunque batió varios récords en el partido, sus entradas resultaron insuficientes, ya que India cayó por 146 carreras y Australia igualó la serie a falta de dos pruebas. En total, terminó la serie con 282 carreras a una media de 40. Al ganar la serie de pruebas en Australia, se convirtió en el primer capitán indio y también en el primer capitán asiático que ganaba una serie de pruebas en Australia. Fue nombrado de nuevo capitán del World Test XI y del ODI XI para 2018 por el ICC.

2019-2020: Récord de capitanía y problemas con el bateo

En abril de 2019, fue nombrado capitán de la selección de la India para la Copa del Mundo de Cricket de 2019. El 16 de junio de 2019, en el partido de la India contra Pakistán, Kohli se convirtió en el bateador más rápido en términos de innings en anotar 11.000 carreras en cricket ODI. Alcanzó el hito en su 222ª entrada. Once días después, en el partido contra las Indias Occidentales, Kohli se convirtió en el jugador de críquet más rápido en anotar 20.000 carreras en el críquet internacional, en su 417ª entrada. Kohli anotó cinco veces consecutivas más de cincuenta goles en el torneo. Sin embargo, India perdió la semifinal contra Nueva Zelanda, en la que Kohli fue eliminado por una sola carrera. Después de la Copa Mundial, India realizó una gira por las Indias Occidentales para disputar 3 T20I y 3 ODI, seguidos de dos partidos de prueba. Kohli desempeñó un papel decisivo en la victoria de la serie de ODI, ya que anotó dos centenas consecutivas en el segundo y el tercer ODI. Fue galardonado con el premio al mejor jugador de la serie por sus actuaciones. En la siguiente serie de pruebas, que India ganó por 2-0, Kohli se convirtió en el capitán de pruebas más laureado de la India, superando a MS Dhoni, que logró 27 victorias.

En octubre de 2019, Kohli capitaneó a la India por quincuagésima vez en el críquet de prueba en la segunda prueba contra Sudáfrica. En las primeras entradas del partido, Kohli anotó 254 carreras invicto, que es su mejor marca personal, mientras superaba las 7.000 carreras en Tests. En el proceso, posteriormente se convirtió en el primer bateador de la India en anotar siete siglos dobles en el cricket de prueba. En noviembre de 2019, durante el partido de prueba diurno/nocturno contra Bangladesh, Kohli se convirtió en el capitán más rápido en anotar 5000 carreras en el cricket de prueba, haciéndolo en su 86ª entrada. En el mismo partido, también anotó su 70º siglo en el críquet internacional.

Bajón de forma

La India viajó a Nueva Zelanda de enero a marzo de 2020 para disputar una serie de T20I de 5 partidos, junto con una serie de ODI y test de 3 y 2 partidos respectivamente. Durante la gira, Kolhi sólo consiguió anotar 218 carreras en 12 entradas a una media de 19,81, con sólo una puntuación de más de cincuenta durante el primer ODI. Esta fue su menor cantidad de carreras en una gira en la que jugó en todos los formatos. India consiguió ganar la serie de T20I por 5-0, pero durante la etapa de ODI y Test de la gira perdió por 3-0 y 2-0 respectivamente. El equipo indio viajó a Australia en noviembre de 2020, de gira hasta enero de 2021. Durante la serie ODI, Kohli consiguió anotar dos medios centurias en tres entradas con un total de 173 carreras a una media de 57,67. El segundo partido contra Australia fue la aparición número 250 de Kohli en un partido ODI y se convirtió en el octavo indio en jugar este número de partidos. Durante la primera prueba de la gira, disputada como partido diurno/nocturno en Adelaida, Kohli anotó 74 antes de ser expulsado, seguido de 4 carreras en las siguientes entradas. Esto sucedió en el partido en el que India fue eliminada por 36 goles. Después de la primera prueba, Kohli abandonó la gira por permiso de paternidad, ya que estaba esperando el nacimiento de su primer hijo. En noviembre de 2020, Kohli fue nominado para el Premio Sir Garfield Sobers al Jugador de Críquet Masculino de la Década del ICC, así como al Jugador de la Década en los Test, ODI y T20I. Ganó los premios al jugador de críquet masculino de la década y al jugador de críquet ODI de la década.

2021-2022: Salida de la capitanía y resurgimiento

La gira de la selección inglesa de críquet por la India en 2020-2021 comenzó con una larga serie de pruebas de 4 partidos. Kohli hizo 172 carreras en 4 partidos de prueba, a un promedio de 28,66 con 2 medios-centuries y 2 patos. Durante la segunda prueba en Chepauk, anotó 62 en un terreno de juego favorable a los efectos, que el gran bateador inglés Geoffrey Boycott describió como una *plantilla para batear y anotar carreras en un terreno de juego giratorio.*

Kohli volvió a ser expulsado por un pato en el primer T20I de una serie de 5 partidos. Sin embargo, recuperó la forma en la última parte de la serie y terminó siendo el máximo anotador de ambos equipos, con 231 carreras y 3 medios centésimas, a una media de 115,50 puntos. India ganó la serie por 3-2 y Kohli fue elegido mejor jugador de la serie por su actuación. Durante el segundo T20I, Kohli se convirtió en el primer bateador de la historia en completar 3.000 carreras en este formato. En la serie ODI de 3 partidos, Kohli anotó 129 carreras en 3 entradas, con 2 medios-centuries, y la India ganó la serie por 2-1. En la 2ª ODI, Kohli se convirtió en el segundo bateador, después de Ricky Ponting, en anotar 10.000 carreras bateando con el número 3.

En junio de 2021 se disputó la final del Campeonato Mundial de Pruebas del ICC, que India perdió ante Nueva Zelanda. Esta fue la tercera derrota de Kohli como capitán en un partido eliminatorio de un torneo de la ICC. Anotó 44 y 13 en dos entradas antes de ser despedido por Kyle Jamieson en ambas ocasiones .

La selección india de críquet realizó una gira por Inglaterra en agosto y septiembre de 2021 para disputar cinco partidos de prueba, tras la conclusión de la final de la WTC. En los cuatro primeros partidos, Kohli anotó un total de 249 carreras, con una media de 27,66, incluyendo un pato y un par de medios centuries. En la 4ª prueba de la serie, Kohli se convirtió en el bateador más rápido, en términos de entradas, en anotar 23.000 carreras en el críquet internacional (490).. En el mismo partido, anotó su carrera número 10.000 en críquet de primera categoría. La quinta prueba de la serie fue aplazada a raíz de los resultados positivos del COVID-19 en el equipo indio. A lo largo de la serie, tuvo problemas con los lanzamientos oscilantes y se le escaparon muchos lanzamientos, fuera de la base, a los slip-fielders y al wicket-keeper. A pesar de sus problemas de bateo, India ganó dos de los cuatro partidos, y Kohli se convirtió en el segundo capitán, después de Kapil Dev, en ganar dos pruebas en una serie en Inglaterra.

Retirada de la capitanía en todos los formatos

En septiembre de 2021, Kohli fue nombrado capitán de la selección india para la Copa Mundial T20 masculina del ICC de 2021. Sin embargo, Kohli también anunció públicamente su decisión de renunciar al cargo de capitán de T20I tras la conclusión del torneo. La India no pudo pasar a la ronda de semifinales, lo que supuso la primera vez en 9 años que la India quedaba excluida de las últimas fases del torneo.

En diciembre de 2021, Kohli fue sustituido por Rohit Sharma como capitán de la India en los ODI. El presidente del BCCI, Sourav Ganguly, reveló que la retirada de Kohli de la capitanía de los ODI se atribuyó a la decisión de los seleccionadores de evitar tener dos líderes para el formato de bola blanca. Sin embargo, también comunicó que se había pedido a Kohli que siguiera siendo el capitán de los T20I. Durante una rueda de prensa, Kohli rebatió la declaración del Presidente del BCCI, afirmando que su decisión de renunciar a la capitanía fue "bien recibida" y considerada como un "paso positivo" por los responsables del BCCI. Kohli también afirmó que el jefe de selección, Chetan Sharma, le había informado de su destitución como capitán de los ODI 90 minutos antes de que se anunciara la lista de convocados para la gira de la India por Sudáfrica. Más de una semana después, durante el anuncio de la lista de convocados para la serie de ODI contra Sudáfrica, Chetan Sharma refutó la afirmación de Kohli y declaró que los directivos le habían instado a reconsiderar su decisión de renunciar a la capitanía de los T20I.

Más tarde, en 2021 y a principios de 2022, el equipo indio de críquet realizó una gira por Sudáfrica para disputar una serie de test de 3 partidos y una serie de ODI de 3 partidos. Kohli consiguió anotar 161 carreras en las 4 entradas de la serie de pruebas que jugó, con una media de 40,25. No pudo jugar la segunda prueba de la serie debido a un espasmo en la espalda. No pudo jugar la segunda prueba de la serie debido a un espasmo en la espalda. El 15 de enero de 2022, Kohli también dimitió como capitán de la India en las pruebas, tras la derrota por 2-1 en la serie de pruebas contra Sudáfrica. En la serie ODI, Kohli anotó 116 carreras en 3 entradas, incluidos dos cincuentenarios, con una media de 38,66 puntos. Sin embargo, Sudáfrica arrasó en la serie ODI contra India con un 3-0.

El equipo de críquet de las Indias Occidentales viajó a la India en febrero de 2022 para disputar una serie ODI de 3 partidos y una serie T20I de 3 partidos. Durante la serie ODI, Kohli anotó la carrera número 5.000 en India en ODIs. Anotó un total de 26 carreras en 3 entradas, con una media de 8,66. En la siguiente serie de T20I, Kohli anotó un total de 69 carreras a una media de 34,50 con la ayuda de un medio siglo. En febrero-marzo de 2022, el equipo de críquet de Sri Lanka realizó una gira por la India para disputar una serie de T20I de 3 partidos y una serie de test de 2 partidos. Kohli acumuló un total de 81 carreras en las 3 entradas de la serie de pruebas de 2 partidos, con una media de 27,0. Cuando jugó el primer partido de la serie en Mohali, Kohli también completó cien partidos de prueba, convirtiéndose en el duodécimo jugador de críquet indio que juega tantos partidos.

Tras la quinta prueba, el equipo indio de críquet realizó una gira por Inglaterra para disputar 3 T20I y 3 ODI en 2022. Kohli descansó para el primer T20I, pero fue seleccionado para jugar el segundo. Terminó la serie con 12 carreras en 2 entradas a un promedio de 6, una puntuación alta de 11, de todos modos la India ganó la serie 2-1 Kohli fue seleccionado para jugar durante el primer ODI, pero fue descartado debido a una lesión en la ingle. Kohli no logró impresionar a muchos y terminó la serie ODI con 33 carreras en 2 entradas con una puntuación máxima de 17 y una media de 16,50, de todos modos India ganó la serie ODI 2-1.

Volver al formulario

Kohli resurgió en forma durante la Copa de Asia 2022. A lo largo del torneo, acumuló un total de 276 carreras, con una media de 92. El punto culminante de su actuación fue su primer siglo en un T20I contra Afganistán, en el que anotó 122 carreras en 61 envíos, su primer siglo en 1020 días. Más tarde dijo en la presentación posterior al partido que:

"Los últimos dos años y medio me han enseñado mucho. Dentro de un mes cumpliré 34 años. Así que esas celebraciones furiosas son cosa del pasado. Me han hecho muchas sugerencias, me han dado muchos consejos; la gente me decía que estaba haciendo esto mal, aquello mal, yo elegí todos los vídeos de la mejor época que tuve; el mismo movimiento inicial, el mismo acercamiento al balón y era simplemente lo que pasaba dentro de mi cabeza, no era capaz de explicárselo a nadie".

Mantuvo su buena forma en la Copa Mundial Masculina T20 del ICC de 2022. En el primer partido contra Pakistán, Kohli anotó 82* y ganó el partido para su equipo por un estrecho margen. Calificó esta como su mejor entrada en el formato debido a la magnitud que tuvo el partido. *Wisden*, el prestigioso almanaque de críquet, consideró esta entrada en particular como la cumbre del torneo. Kohli fue el máximo anotador del torneo, con 296 carreras y una media de 98,66 puntos. Por sus actuaciones, fue incluido en el Equipo del Torneo.

Kohli fue incluido en la selección india de Test y ODI para la gira de la India por Bangladesh en 2022-23. En el tercer partido, anotó su 44.º ODI y su 72.º siglo en total, superando el récord de Ricky Ponting de la segunda mayor cantidad de siglos anotados en todos los formatos del críquet internacional.

2023-presente

A principios de año, Kohli comenzó su campaña con un siglo contra la selección itinerante de Sri Lanka en un ODI. En el tercer partido de la serie, Kohli acumuló 166 carreras invicto en 110 pelotas. Se trataba de su vigésimo primer siglo en ODI en la India, el mayor de cualquier jugador en un solo país, y el décimo contra Sri Lanka, el mayor de cualquier jugador contra cualquier rival. Además, su actuación en este partido le convirtió en el quinto jugador que más carreras ha anotado en los ODI, por delante de Mahela Jayawardene. Tras la actuación de Kohli, India ganó el tercer partido ODI por un margen récord de 317 carreras.

En febrero-marzo de 2023, Kohli jugó en la serie Border-Gavaskar de 2023. Se enfrentó a una serie de bajas puntuaciones en las tres pruebas iniciales, antes de anotar un siglo en la prueba final en Ahmedabad, en el evento 75 Años de Amistad a través del Cricket. Acumuló un total de 186 carreras en el partido, siendo su siglo el primero en este formato en tres años. El 20 de julio de 2023, durante la serie de pruebas contra las Indias Occidentales, Kohli se convirtió en el décimo jugador en disputar 500 partidos internacionales. Al mismo tiempo, se convirtió en el primer jugador en registrar una puntuación de más de cincuenta en un partido internacional número 500, al tiempo que anotaba su vigésimo noveno siglo en un test. Cabe destacar que, al culminar sus quinientos partidos iniciales, Kohli ostenta la posición preeminente en cuanto a carreras acumuladas.

En agosto de 2023, fue seleccionado en la selección india para la Copa de Asia 2023. En el partido inaugural contra Pakistán, Kohli sólo pudo anotar 4 carreras antes de ser derribado por Shaheen Afridi. Sin embargo, el partido se suspendió debido a la lluvia. No pudo batear en el segundo partido, contra Nepal, ya que India ganó el encuentro sin perder ningún wicket. Sin embargo, en el siguiente partido, contra Pakistán, Kohli anotó un siglo y formó una pareja invicta de 233 carreras con KL Rahul, que se convirtió en la mejor pareja de la historia del torneo. Durante el partido, también alcanzó el hito de ser el bateador más rápido en anotar 13.000 carreras en partidos ODI. Alcanzó el hito en su 267ª entrada, superando a Sachin Tendulkar, que necesitó 321 entradas para lograr esta hazaña.

Fue nombrado en el equipo de la India para la Copa Mundial de Cricket 2023, su cuarta aparición en el torneo. En el partido de apertura contra Australia, la India estaba en 2 por 3, con el colapso de la orden superior de nuevo similar al partido anterior de la WC de la India contra Nueva Zelanda en la semifinal de la WC 2019. En respuesta, hizo un brillante 85 en una asociación de 165 carreras con KL Rahul mientras India perseguía el objetivo. Hizo un siglo contra Bangladesh y 95 contra Nueva Zelanda.

Kohli alcanzó un hito importante el 2 de noviembre de 2023, durante el partido de la Copa del Mundo contra Sri Lanka en el estadio Wankhede de Bombay. Logró la hazaña de anotar el mayor número de 1000 carreras en un año natural. Era la octava vez en la carrera de Kohli que lograba este hito, superando el récord anterior de Sachin Tendulkar, que había anotado 1000 carreras o más siete veces en su carrera. En el siguiente partido contra Sudáfrica, el 5 de noviembre de 2023, que también era el 35º cumpleaños de Kohli, anotó su 49º siglo en 277 entradas, igualando el récord de Tendulkar de 49 siglos en 438 entradas. En la semifinal contra Nueva Zelanda, el 15 de noviembre de 2023, Kohli anotó su 50º siglo en ODI, superando así el récord de Tendulkar y convirtiéndose en el primer jugador en anotar 50 siglos en ODI. Durante el partido, también superó el récord de Tendulkar y se convirtió en el primer bateador en lograr 700 carreras en una sola edición de la Copa Mundial. También superó a Ricky Ponting y se convirtió en el tercer máximo anotador de carreras en el críquet ODI.

Virat Kohli recibió el título de Jugador del Torneo en la Copa Mundial ODI 2023 del ICC. Anotó un récord de 765 carreras (el más alto en una sola edición en la historia del torneo) y tres siglos con el promedio de bateo más alto de 95,62 en esta Copa Mundial ODI del ICC. Es el tercer jugador de críquet indio que gana el premio al Jugador del Torneo (Hombre de la Serie) en la Copa del Mundo ODI después de Sachin Tendulkar en 2003 y Yuvraj Singh en 2011. Es el cuarto bateador indio que termina en lo más alto de la lista de máximos anotadores de la Copa del Mundo del ICC. Este ha sido también el tercer premio de Kohli al Jugador del Torneo en Copas Mundiales (ODI+T20I), tras haberlo recibido anteriormente en las Copas Mundiales T20 de 2014 y 2016.

El 28 de diciembre de 2023, en el partido de prueba del Boxing Day entre la India y Sudáfrica durante la gira de la India por Sudáfrica, Kohli logró un nuevo récord de más de 2000 carreras en el críquet internacional en un año natural por mayor número de veces (7), superando a la leyenda de Sri Lanka Kumar Sangakkara.

Kohli se perdió toda la serie de pruebas contra Inglaterra en casa por "motivos personales", que según se reveló fue el nacimiento de su segundo hijo.

Carrera en la Premier League india

Royal Challengers Bangalore

En 2007, el Consejo de Control del Cricket en la India (BCCI) introdujo la Indian Premier League (IPL), una liga Twenty20 basada en franquicias. Entre las franquicias, Royal Challengers Bangalore, propiedad de Vijay Mallya en aquel momento, seleccionó a Kohli para unirse a su equipo por una suma de 50.000 dólares a través de un draft. En esta decisión influyó la actuación de Kohli en la Copa Mundial Sub-19 celebrada en Malasia.

2008-2009: Primeras temporadas

En el partido inaugural de la IPL, Kohli disputó un encuentro de alto riesgo contra los Kolkata Knight Riders, en el que cayó pronto por expulsión, contribuyendo con una sola carrera a que el equipo alcanzara un objetivo de 223 carreras. A medida que avanzaba el torneo, Kohli fue ocupando una posición en el orden intermedio, pero su impacto en este papel fue relativamente limitado, lo que motivó una decisión estratégica de reintegrarlo en el orden superior durante el partido contra los Deccan Charges. Fue en este puesto donde recuperó su forma y contribuyó a la causa de su equipo. Sin embargo, en los dos últimos partidos del torneo, Kohli tuvo que sacrificar su posición preferida para dar cabida a Misbah-ul-Haq, asumiendo de nuevo la responsabilidad de batear en el orden medio. Al final de la temporada, la actuación individual de Kohli aportó un total de 165 carreras, con las que el Bangalore se aseguró la séptima posición en la tabla de puntos.

En la temporada siguiente, Kohli se topó con una serie de puntuaciones bajas en los dos primeros partidos, antes de recuperarse con un medio siglo en el tercer encuentro, contra Deccan Chargers, en la derrota del equipo. Durante el resto de la temporada, Kohli mostró un rendimiento moderado o tuvo pocas oportunidades de batear, debido al dominio de los bateadores de primer orden Jacques Kallis y Ross Taylor. Esto resultó ventajoso para el equipo, que se aseguró un puesto en los playoffs. En la semifinal contra el Chennai Super Kings, Kohli contribuyó decisivamente al éxito de la persecución del equipo, que llevó al Bangalore a la final. En la final contra Deccan Charges, Kohli fue derribado por 7 y el Bangalore cayó por un margen de 8 carreras, concluyendo así la temporada como subcampeón.

2010-2012: Ascenso, retención y realización

En la temporada 2010 de la IPL, Kohli, asumiendo el papel de vicecapitán del Bangalore, se situó estratégicamente en el orden medio. Aumentó la profundidad de bateo del Bangalore y contribuyó notablemente al éxito del equipo. En particular, su contribución se observó durante la victoria sobre el Kings XI Punjab, donde desempeñó un papel decisivo en la conclusión del partido. Sus apariciones en los encuentros fuera de casa contra el Chennai Super Kings y el Kings XI Punjab, forjando valiosas asociaciones, en particular con Kevin Pietersen, fueron cruciales. La actuación más destacada de Kohli se produjo en un encuentro inútil contra los Deccan Chargers, en el que anotó 58 carreras a un ritmo de 165 golpes. A medida que avanzaba la temporada, la destreza de Kohli en el campo también pasó a un primer plano, aumentando su contribución a la causa del equipo. Tras asegurarse un puesto en los playoffs, el equipo de Bangalore se enfrentó al Mumbai Indians en semifinales. El Bangalore sufrió un revés, sucumbiendo por un margen de 35 carreras, ya que la contribución de Kohli se limitó a 7 carreras en el total del Bangalore, poniendo así fin a la campaña del Bangalore en el torneo. En la Liga de Campeones Twenty20 celebrada en septiembre, el equipo de Bangalore se enfrentó a los indios de Bombay. Kohli, que perseguía un objetivo de 165 carreras, jugó un partido regular, al que contribuyó con 47 carreras. El partido se decidió en la última bola, que supuso la expulsión de Kohli, con lo que el Bangalore perdió por un margen de 2 carreras. Como consecuencia, su próximo partido, contra los Lions, se convirtió en una eliminatoria virtual. En este encuentro ineludible, Kohli anotó 49* carreras, guiando a su equipo a la victoria y asegurándose un puesto en semifinales. En el choque de semifinales contra los Chennai Super Kings, Bangalore sufrió una importante derrota por 52 carreras (método D/L).

Antes de la temporada 2011 de la IPL, Kohli fue el único jugador retenido por el Bangalore, por una cantidad de 1,8 millones de dólares. En el partido inaugural, contra los Kochi Tuskers Kerala, Kohli comenzó su campaña con 23 carreras. Registró su primer medio siglo de la temporada contra los Deccan Chargers, en busca de lo que entonces era la segunda mayor persecución de carreras, aunque el Bangalore se quedó corto por 33 carreras. Tras un comienzo mediocre del Bangalore, que ganó dos de sus seis primeros partidos, Kohli anotó 56 carreras en el siguiente encuentro, contra los Delhi Daredevils, y fue elegido mejor jugador del partido por primera vez en el torneo. En el partido siguiente, continuó con su buena racha contra los Pune Warriors, donde se hizo con su segundo premio al mejor jugador del partido. Fue durante este partido cuando Kohli se convirtió en el máximo anotador de la temporada, vistiendo la gorra naranja por primera vez, y también superó el hito de las 1.000 carreras en la IPL. A mediados del torneo, cuando el capitán habitual Daniel Vettori se lesionó, Kohli tuvo la oportunidad de capitanear a su equipo por primera vez en un partido de la IPL. El entrenador del equipo, Ray Jennings, elogió a Kohli por sus esfuerzos y reconoció su potencial para convertirse en el futuro capitán no sólo de la franquicia, sino también de la selección nacional india. El equipo terminó su campaña en la fase de liga con una nota alta, derrotando a los Chennai Super Kings y asegurándose la primera posición en la tabla de puntos. En la primera eliminatoria, Kohli anotó 70 en 44 pelotas. Con un objetivo de 175 carreras, el Bangalore fracasó en su defensa, lo que le llevó a la eliminatoria contra los Mumbai Indians. En la eliminatoria, el Bangalore se impuso al Mumbai y se aseguró por segunda vez el pase a la final de la IPL. En la final, con un objetivo de 205 carreras, Kohli contribuyó con 35 al total del equipo. Sin embargo, el Bangalore volvió a quedarse a las puertas del título. A lo largo de la temporada, Kohli acumuló 557 carreras, incluidos cuatro medios centésimas, y se convirtió en el segundo máximo anotador de la temporada, por detrás de su compañero de equipo antillano Chris Gayle. En la Liga de Campeones, el Bangalore sufrió una derrota en su primer partido, contra los Warriors. En el siguiente partido, Kohli fue expulsado por un pato, lo que supuso otra derrota para el Bangalore. Para asegurarse un puesto en semifinales, necesitaba ganar los dos partidos restantes. En su último partido de la fase de grupos, contra los Southern Redbacks, Kohli hizo gala de su agresividad al batear 70 carreras con sólo

36 pelotas, lo que propulsó al Bangalore hasta las semifinales. En semifinales, contra los New South Wales Blues, Kohli volvió a ganar el partido con 84 carreras. Sin embargo, en la final, contra los Mumbai Indians, el Bangalore perdió por un margen de 31 carreras.

En la temporada 2012 de la IPL, Kohli registró puntuaciones de un solo dígito en los dos primeros partidos antes de recuperarse en el tercero, contra los Chennai Super Kings, anotando 57 carreras. Le costó mantener la regularidad en los partidos siguientes, hasta alcanzar un total de 165 carreras en el noveno encuentro. En el siguiente partido, contra el Kings XI Punjab, Kohli consiguió aportar 45 carreras a la causa de su equipo. A medida que avanzaba la temporada, la ineficacia como jugador del capitán del Bangalore, Daniel Vettori, provocó una alteración estratégica. Vettori tomó la decisión de dimitir como capitán y cedió el liderazgo a Kohli para los partidos restantes de la temporada. Su mejor actuación de la temporada se produjo en el partido contra los Delhi Daredevils, en el que anotó 73* y formó una asociación récord de 203 carreras con su compañero Gayle. En su último partido de la temporada, el Bangalore se enfrentó a los Deccan Chargers con la obligación de ganar para clasificarse para los playoffs. Kohli contribuyó con 42 carreras a la persecución del equipo antes de ser expulsado en la decimosexta carrera. Su expulsión desencadenó un colapso en el orden de bateo del

Bangalore, lo que provocó su derrota final y su eliminación del torneo durante la fase de grupos. Durante la temporada, Kohli acumuló un total de 364 carreras, conseguidas en el transcurso de 16 partidos. Regresó de la Liga desilusionado con su propio rendimiento y descontento con el estado de su juego. Reconoció la necesidad de mejorar y adaptarse a la dinámica cambiante del críquet.

2013-2014: Función directiva y tribulaciones en el bateo

Tras la retirada de Vettori, Kohli asumió el papel de capitán a tiempo completo del equipo de Bangalore a partir de la temporada 2013 de la IPL. Antes del comienzo de esta temporada, era el máximo corredor del Bangalore, con 1.639 carreras. Kohli se embarcó en el torneo con un comienzo consistente, pero sufrió una derrota contra el Sunrisers Hyderabad en un partido fuera de casa. En su siguiente partido en casa, de nuevo contra el Hyderabad, Kohli anotó 93 tantos, imbatido durante la persecución, lo que supuso su mejor marca individual en el críquet Twenty20 en aquel momento. Siguiendo con su buena racha, Kohli anotó cincuenta goles consecutivos en los partidos contra los Chennai Super Kings y los Delhi Daredevils, el último de los cuales se decidió en un super over. Tras una derrota contra los Mumbai Indians, Kohli se vio envuelto en un altercado con el público por su comportamiento agresivo hacia el equipo visitante en el estadio Wankhede. A medida que se acercaba el ecuador de la temporada, Kohli experimentó un bajón en su rendimiento, logrando 45 carreras en cuatro entradas. Se recuperó en el partido fuera de casa contra Delhi, en el que estuvo a punto de lograr un siglo, con 99 tantos, antes de ser eliminado en la última entrega. Tras un buen comienzo de temporada, en el que el Bangalore ocupó la primera posición de la tabla, el rendimiento del equipo decayó en la segunda mitad del torneo. Kohli abordó abiertamente la cuestión, atribuyendo su declive a la falta de ejecución de la unidad de bolos. En un intento por mantener vivas sus esperanzas de repesca, el Bangalore se enfrentó en su último partido contra el Chennai a la obligación de ganar. En un partido afectado por la lluvia, Kohli, que abrió el marcador, anotó 56 tantos, y condujo a su equipo a la victoria. Sin embargo, las esperanzas del Bangalore se vieron truncadas cuando el Hyderabad se aseguró una victoria sobre el Kolkata Knight Riders, echando por tierra sus opciones de pasar a los playoffs. Como resultado, la temporada del Bangalore llegó a su fin en la fase de grupos.

Antes de la séptima temporada de la IPL, el Bangalore contrató a Kohli por 12,5 millones de rupias (1,6 millones de dólares). Su campaña comenzó con una marca invicta de 49 carreras en un encuentro victorioso contra los Delhi Daredevils. Sin embargo, Kohli tuvo problemas para mantener su forma y fue expulsado sin anotar en el segundo partido. En un partido contra los Rajasthan Royals, la alineación de bateo del Bangalore flaqueó, lo que provocó que fueran derrotados por 70, el tercer total más bajo de la historia de la IPL. Kohli contribuyó con 21 carreras al total del equipo en ese partido. El Bangalore dependía en gran medida de las actuaciones de Gayle y Kohli en su línea de bateo, pero ninguno de los dos había logrado una entrada significativa en lo que iba de temporada. Los problemas de Kohli persistieron, ya que registró su tercer pato de la temporada en un partido contra el Kings XI Punjab. En un esfuerzo por solucionar sus problemas de bateo, Kohli tomó la decisión de cambiar su posición de bateo y abrir las entradas; sin embargo, este ajuste no dio el resultado deseado. El Bangalore había perdido seis de sus nueve partidos, y Kohli aún no había alcanzado el hito de anotar medio siglo. Mientras tanto, el equipo se esforzaba por conseguir victorias en los partidos que le quedaban para clasificarse para los playoffs. En su duodécimo partido de la temporada, contra el Sunrisers Hyderabad, Kohli logró su primer medio centenar de la temporada. Sin embargo, la posterior derrota ante los Kolkata Knight Riders, en la que Kohli contribuyó con 38 carreras antes de ser expulsado por Sunil Narine por segunda vez, supuso la eliminación del Bangalore de la lucha por los playoffs por tercera vez consecutiva. En su último partido de la temporada, contra los Chennai Super Kings, Kohli ofreció su mejor actuación de la temporada, acumulando 73 carreras. Sin embargo, el Bangalore sufrió una derrota en ese partido. A pesar de los problemas del equipo, la popularidad de Kohli siguió subiendo, convirtiéndolo en el jugador más buscado en Internet durante el torneo.

2015-2016: Éxito colectivo e individual

Al comienzo de la temporada 2015 de la IPL, Kohli expresó su optimismo por jugar con menos presión, atribuyéndolo al reforzado orden medio del equipo de Bangalore. Kohli decidió estratégicamente abrir el bateo junto a Gayle durante la temporada. En el segundo partido, contra el Sunrisers Hyderabad, anotó 41 carreras, lo que supuso un moderado comienzo de campaña. Siguiendo en forma, Kohli logró su primer medio centenar de la temporada, aunque en un partido que acabó en derrota contra los Chennai Super Kings. En el partido siguiente, Kohli volvió a anotar medio centenar, llevando al Bangalore a la victoria y poniendo fin a su racha de tres derrotas consecutivas. Durante este partido, demostró su perspicacia táctica al ascender a AB de Villiers en el orden de bateo, reconociendo la importancia de que el principal bateador del equipo se enfrentara a más lanzamientos. El Bangalore, que buscaba superar sus problemas anteriores en el departamento de bolos, derrotó con éxito a los Delhi Daredevils por 95 carreras, mientras Kohli guiaba a su equipo a una victoria por diez wickets durante la persecución. Sin embargo, en un partido fuera de casa contra el Chennai, Kohli no llegó a alcanzar el medio siglo, y anotó 48 carreras antes de ser expulsado por Dwayne Bravo debido a un fallo momentáneo de juicio. La derrota del Bangalore en ese partido marcó el final de su racha de victorias. Su actuación más destacada de la temporada se produjo contra los Mumbai Indians, donde anotó 82 carreras y formó una sociedad récord de 215 carreras con De Villiers. En un partido afectado por la lluvia contra el Hyderabad, con un objetivo de 83 carreras en seis overs, Kohli anotó un rápido 44 en 19 pelotas, lo que le valió el premio al mejor jugador del partido. En el partido siguiente, Kohli se vio envuelto en un incidente relacionado con una infracción del código anticorrupción. No obstante, pudo seguir jugando gracias a la ausencia de gravedad de la infracción. Clasificado para los playoffs por primera vez bajo su capitanía, Kohli confiaba firmemente en el cambio de rumbo que su equipo había mostrado durante las últimas fases de la liga. Sin embargo, en la eliminatoria 2 contra el Chennai, la expulsión de Kohli por 12 carreras resultó perjudicial para las posibilidades del Bangalore, lo que se tradujo en su derrota y en la conclusión de su campaña para la temporada. A lo largo de la temporada, Kohli acumuló un total de 505 carreras en 16 partidos, con una media de 45,90, la tercera mejor marca de carreras alcanzada por él en una sola temporada.

En la temporada 2016 de la IPL, la campaña de Kohli comenzó con 75 carreras, contribuyendo a una victoria por 45 carreras contra el Sunrisers Hyderabad. Continuó su racha en el partido siguiente, en el que anotó 79 carreras. A lo largo de los primeros partidos, Kohli alcanzó constantemente el hito de marcar medio centenar en tres de los cuatro encuentros que disputó, al tiempo que compartía tres asociaciones de cien con de Villiers. En el encuentro contra los Gujarat Lions, registró su primer siglo en el críquet Twenty20. Aunque el partido se saldó con derrota de su equipo, la actuación de Kohli le valió el premio al mejor jugador del partido. A pesar de la actuación de Kohli, el Bangalore pasó apuros en la fase de liga, consiguiendo sólo dos victorias en siete partidos y ocupando la séptima posición en la tabla de puntos. Para reavivar sus opciones de clasificarse para los playoffs, el Bangalore necesitaba ganar seis de sus siete siguientes partidos. En el partido siguiente, Kohli anotó un siglo en una exitosa persecución contra el Rising Pune Supergiant, en el inicio de la virtual eliminatoria del Bangalore. Siguió ofreciendo actuaciones que le permitieron ganar partidos, formando una sociedad récord de 229 carreras con de Villiers contra el Gujarat, a la que siguió un golpe de 75* contra los Kolkata Knight Riders. En un partido afectado por la lluvia contra el Kings XI Punjab, Kohli logró su cuarto siglo de la temporada, superando el hito de las 4.000 carreras en la liga. Su bateo suscitó los elogios de

Harsha Bhogle, que alabó su destreza técnica y su forma de lanzar. Las constantes actuaciones de Kohl propulsaron al Bangalore hasta los playoffs, ya que anotó cuatro veces consecutivas más de cincuenta tantos en partidos que debía ganar y terminó la liga con un total de 919 carreras. En los playoffs, el Bangalore se enfrentó al Gujarat en la primera eliminatoria. Kohli fue expulsado por un pato en ese partido, pero su equipo salió victorioso y se plantó en la final contra el Hyderabad. Kohli contribuyó con 54 carreras a que el Bangalore alcanzara el objetivo de 209 en la final. A pesar de ello, el Bangalore se quedó corto por un margen de 8 carreras, por lo que tuvo que reconocer la actuación del equipo de Hyderabad y expresar su gratitud al público de Bangalore por su apoyo. Kohli concluyó la temporada con un récord de 973 carreras en 16 partidos, a una media de 81,08, erigiéndose en el máximo anotador del torneo y reclamando la Gorra Naranja con el título de Jugador Más Valioso. El entrenador del equipo, Vettori, elogió a Kohli por su contribución:

Virat ha estado fenomenal. Cuando tienes a un tipo en lo más alto del orden que tiene tanto control y su rendimiento es tan bueno, todo fluye a partir de ahí. Obviamente, un gran capitán hace eso: lidera con su actuación, y él ha estado excepcional no sólo con su bateo, sino también con su trabajo de campo y su liderazgo.

2017-2021: Éxitos mixtos

Durante la temporada 2017, Kohli no pudo participar en los partidos iniciales debido a una lesión en el hombro. Con su ausencia, el Royal Challengers Bangalore realizó una pésima campaña, terminando el torneo al final de la clasificación. Sin embargo, la actuación individual de Kohli fue digna de mención, ya que fue el máximo anotador de la franquicia, con 308 carreras en los 10 partidos en los que participó, incluidos cuatro medios centésimas. Para conmemorar el 10º aniversario de la IPL, Kohli recibió también la distinción de ser incluido en el *ESPN Cricinfo* IPL XI de todos los tiempos, en reconocimiento a su contribución a la liga como uno de sus principales bateadores.

En la temporada 2018, Kohli fue retenido por la franquicia Royal Challengers por la impresionante suma de ₹170 millones (2,1 millones de dólares), estableciendo un récord como la cantidad más alta pagada por un jugador ese año. El bateador se apuntó otra hazaña, al convertirse en el primer jugador en acumular más de 500 carreras en cinco temporadas diferentes, al anotar 530 carreras con una media de 48. A pesar de las actuaciones de Kohli, la trayectoria de los Royal Challengers Bangalore en la temporada se vio truncada, ya que no lograron clasificarse para los playoffs y acabaron conformándose con un sexto puesto en la clasificación.

En la temporada 2019 de la IPL, Kohli grabó su nombre en los anales de la historia de la IPL al alcanzar el hito de las 5000 carreras, convirtiéndose en el segundo jugador en lograr esta hazaña después de Suresh Raina. Durante la competición, el capitán también superó a Raina y se convirtió en el máximo anotador de carreras de la IPL, con 84 tantos contra los Kolkata Knight Riders. Sus logros se vieron aún más magnificados por el hecho de que anotó su quinto siglo en la IPL, en un partido fuera de casa contra el mismo rival. A pesar de sus 464 carreras, con un porcentaje de acierto de 141,46, el Royal Challengers Bangalore pasó apuros bajo la capitanía de Kohli, que acabó ocupando el último puesto de la clasificación.

Tras la reanudación del críquet después del bloqueo de la COVID-19, Kohli volvió al campo con un cauto optimismo. A pesar de su paréntesis de cinco meses en este deporte, se mostró sorprendido por la fluidez de su rendimiento. Durante la temporada 2020, Kohli acumuló 466 carreras en 15 partidos, con una media de 42,36 y un promedio de 121,35 golpes. Con ello, ocupó el noveno puesto entre los máximos anotadores de carreras del torneo. El Royal Challengers Bangalore fue eliminado en el partido eliminatorio contra el Sunrisers Hyderabad, y la temprana expulsión de Kohli en el segundo over a manos de Jason Holder desempeñó un papel importante en su eliminación.

El 22 de abril de 2021, durante un partido contra el Rajasthan Royals, Kohli logró una hazaña al convertirse en el primer jugador en superar la marca de 6.000 carreras en la Indian Premier League. Posteriormente, el 20 de septiembre, el Royal Challengers Bangalore anunció que Kohli dejaría su puesto de capitán tras la conclusión de la temporada 2021 de la IPL. Durante la misma temporada, Kohli acumuló 405 carreras a una media de 28,92 en el transcurso de 15 partidos, con tres medios centurias a su nombre, incluyendo una actuación destacada de 72 no out.

2022-presente: Postcapitanía

Para la temporada 2022, el RCB contrató a Kohli por 150 millones de libras (equivalentes a 160 millones de libras o 2,0 millones de dólares en 2023). Aunque su rendimiento en el torneo no estuvo a la altura de sus estándares habituales, Kohli consiguió anotar 341 carreras en 16 entradas, con una media de 21,31 y una tasa de ataque de 115. En un partido contra los Punjab Kings en el estadio de Brabourne, Kohli alcanzó la cifra de 6.500 carreras en la IPL. En el último partido de liga del torneo, contra los Gujarat Titans, amplió aún más su récord con los Royal Challengers Bangalore al acumular 7000 carreras. A pesar de estos logros, la temporada 2022 fue decepcionante para Kohli, marcada por una serie de tres entradas en las que fue expulsado sin anotar, incluidos dos patos de oro consecutivos.

En el primer partido de Bangalore en la temporada 2023, Kohli contribuyó a su equipo anotando 82 carreras invicto contra los Mumbai Indians. Posteriormente, debido a la ausencia temporal del capitán habitual, Faf Du Plessis, Kohli asumió las responsabilidades de la capitanía durante un periodo limitado. Más avanzada la temporada, en el décimo partido contra los Delhi Capitals, Kohli logró un hito al superar las 7.000 carreras, convirtiéndose en el primero en hacerlo. Durante esta temporada, Kohli adoptó un enfoque estratégico en su anotación, combinando el juego agresivo en el juego de poder con la construcción de una entrada sustancial. Tras un parón temporal de forma, anotó un siglo contra el Sunrisers Hyderabad, una victoria crucial, ya que el Bangalore necesitaba tres victorias consecutivas en sus últimos partidos para clasificarse. En el siguiente partido, contra los Gujarat Titans, Kohli anotó otro siglo, aunque el equipo sufrió una derrota. El Bangalore terminó la temporada en sexta posición, con un total de 639 carreras anotadas por Kohli, ocho de ellas de cincuenta o más.

Perfil del jugador

Estilo de juego

A Kohli se le considera un bateador emprendedor, dotado de habilidades técnicas y un comportamiento de juego dinámico. Su posición de bateo habitual en el críquet ODI es la número tres, con una postura ligeramente abierta y un agarre firme del mango inferior del bate. Destaca por su ágil juego de pies, su amplia gama de golpes y su propensión a orquestar entradas con habilidad, al tiempo que se desenvuelve con soltura en situaciones de gran presión. En su técnica de bateo, Kohli tiende a preferir los golpes a ras de suelo a los grandes golpes. Se le aprecia por su habilidad para ejecutar golpes de muñeca y por su constante destreza en las zonas de mid-wicket y cover.

Kohli ha expresado a menudo su admiración por el "cover drive", que considera su golpe característico. Posee una aptitud natural para el golpe de flick, sobre todo cuando se enfrenta a lanzamientos dirigidos hacia la pierna. La técnica de bateo de Kohli, que recurre poco a la barrida, se caracteriza por su énfasis en los golpes de fondo, que le permiten correr principalmente en la zona comprendida entre el cuadrado profundo de la pierna y el centro del campo. Kohli es conocido por su serena técnica de bateo y la versatilidad de su juego. Anota carreras entre long-off y long-on con un bate alineado, al tiempo que posee la capacidad de mostrar una vena destructiva. Su velocidad con el bate y sus ágiles movimientos de muñeca le permiten crear ángulos innovadores que alteran la posición tradicional en el campo. Kohli es también un hábil jardinero, reconocido por sus rápidos reflejos y su seguridad.

Sin embargo, Kohli es muy vulnerable a los lanzamientos fuera del terreno de juego. Los lanzadores se aprovechan a menudo de esta debilidad, sobre todo en los partidos de Test y ODI. Esta vulnerabilidad ha provocado la expulsión de Kohli en numerosas ocasiones. Expertos en críquet como VVS Laxman y el ex jugador de críquet indio Sanjay Manjrekar han reconocido esta debilidad, y el ex jugador de críquet neozelandés Richard Hadlee también ha señalado que Kohli es especialmente susceptible a los lanzamientos fuera.

Kohli se ha ganado el aplauso y el reconocimiento de expertos y aficionados al críquet como uno de los mejores bateadores de ligas limitadas. En los ODI, tiene una media de 65,5 carreras cuando batea segundo y de 51,7 carreras cuando batea primero. Ha logrado 27 de sus 50 centenas en ODI en carreras de persecución, y ostenta el récord de centenas anotadas bateando segundo. En referencia a su éxito cuando batea segundo, Kohli ha expresado su afición por el reto de la persecución, disfrutando de la oportunidad de ponerse a prueba y demostrar su capacidad para gestionar eficazmente la rotación del ataque y ejecutar golpes de límite. Sus compañeros admiran su seguridad en sí mismo, su dedicación, su concentración y su ética de trabajo, que son las fuerzas motrices de su éxito.

Agresión

El estilo de juego de Kohli se considera agresivo, un rasgo que se extiende a su liderazgo en el campo. Es bien conocido por sus respuestas apasionadas y animadas a las situaciones sobre el terreno de juego, demostrando una feroz competitividad. Su capitanía se caracteriza por ser proactiva, tomar decisiones audaces y liderar al equipo con el ejemplo. En los primeros años de su carrera, Kohli fue objeto de muchas críticas por parte de los medios de comunicación. A menudo se le ha descrito como una persona arrogante y descarada, lo que ha suscitado reacciones encontradas entre aficionados, críticos y ex jugadores de críquet. Mientras algunos alababan su asertividad y confianza, otros criticaban el comportamiento de Kohli por traspasar los límites del juego limpio y perder el control, lo que a veces le hacía perder la compostura. A pesar de sus esfuerzos por frenar su comportamiento agresivo, Kohli ha reconocido que hay momentos en los que la presión intensa o las situaciones de alto riesgo pueden poner a prueba su determinación.

No obstante, el jugador de críquet ha insistido en que su agresividad actúa como fuente de inspiración e impulsa su concentración y motivación en el campo. En un artículo publicado en *The New York Times*, Huw Richards destacó la seguridad en sí mismo y la "firmeza" de Kohli, en contraste con algunos ex jugadores indios de críquet que, en su opinión, habían mostrado una inclinación hacia la excesiva cortesía y la reticencia, y que Kohli encarna su comportamiento combativo tanto dentro como fuera del campo de críquet.

Comparaciones con Sachin Tendulkar

El estilo de bateo de Kohli y su forma de enfocar el juego han suscitado frecuentes comparaciones con el legendario Sachin Tendulkar, a quien consideraba el epítome de la excelencia en el deporte del críquet. Apodado el "sucesor" de Tendulkar, se considera que tiene potencial para superar sus récords en el futuro. Su veneración por Tendulkar como modelo a seguir, a quien idolatraba en sus años de formación e intentaba emular, está bien documentada. Kohli ha declarado que trataba de imitar el estilo de bateo de Tendulkar, imitando sus golpes e intentando hacer seises de manera similar. El estilo agresivo y dinámico de Kohli le ha valido elogios de grandes del críquet como Vivian Richards, quien ha reconocido las similitudes de Kohli con su propio estilo de juego. Dean Jones, ex jugador australiano, lo ha calificado de "nuevo rey del críquet mundial". Mientras que el comentarista indio Aakash Chopra ha señalado que Tendulkar poseía una gama más amplia de golpes, las habilidades de Kohli con el bate le han valido elogios del gran ex jugador de las Indias Occidentales Brian Lara, que lo ha clasificado entre los mejores bateadores del mundo junto a Joe Root, capitán de Inglaterra en aquella época.

En una charla con el destacado actor de Bollywood Salman Khan, Tendulkar proclamó que Kohli posee el potencial necesario para superar su récord de 100 siglos internacionales. Tendulkar también reconoció las aptitudes de bateo de Kohli y la constancia con la que ha acumulado carreras. En 2013, Tendulkar se retiró del críquet internacional, marcando el final de una era para el críquet indio. Kohli, que jugó junto a Tendulkar en el equipo, le honró regalándole un hilo sagrado que le había regalado su difunto padre. Tendulkar acabó devolviéndole el hilo, implorando que permaneciera en su poder.

Imagen pública y en los medios de comunicación

En 2008, el agente deportivo Bunty Sajdeh, de Cornerstone Sport and Entertainment, se puso en contacto con Kohli tras su notable actuación en la Copa Mundial Sub-19 del ICC. Sajdeh quedó impresionado con la capacidad de liderazgo y la actitud de Kohli y vio un gran potencial en el joven jugador de críquet. Recomendado por Yuvraj Singh, Kohli fichó por Cornerstone Sport and Entertainment. A lo largo de los años, la cartera de marcas de Kohli ha experimentado un crecimiento significativo. En 2013, se informó de que sus patrocinios estaban valorados en más de 1.000 millones de yenes (13 millones de dólares). Ahora, en 2023, el valor de su marca ha alcanzado los 1.000 millones de rupias (130 millones de dólares). Su contrato de bates con MRF está considerado como uno de los más lucrativos de la historia del críquet. En 2017, Kohli firmó un importante acuerdo de patrocinio con Puma que se prolongó durante ocho años y cuyo valor se estimó en unos 1.100 millones de yenes (14 millones de dólares). Este acuerdo convirtió a Kohli en el primer atleta indio en firmar un contrato de patrocinio con una marca por valor de 100 millones de rupias (equivalente a 140 millones de rupias o 18 millones de dólares en 2023). A partir de enero de 2023, Kohli es considerado el jugador de críquet con más mercado, con unos ingresos anuales estimados en 165 millones de rupias (equivalentes a 275 millones de rupias o 22 millones de dólares en 2023). Kohli es actualmente la persona asiática más seguida en la red social Instagram, con más de 266 millones de seguidores. Los informes indican que puede llegar a cobrar 8,9 millones de rupias (equivalentes a 9,4 millones de rupias o 1,2 millones de dólares en 2023) por cada publicación patrocinada en la plataforma.

Kohli se ha ganado la aclamación internacional por sus logros deportivos y su amplia popularidad, lo que le ha valido un lugar destacado entre los deportistas más renombrados del mundo, según *ESPN*. En 2014, American Appraisal llevó a cabo una evaluación del valor de la marca de Kohli y determinó que era de 56,4 millones de dólares, lo que le situó en el cuarto puesto de la lista de marcas de celebridades más valoradas de la India. En los dos años siguientes, el valor de la marca de Kohli se disparó. Según un informe publicado en octubre de 2016 por Duff & Phelps, el valor de marca de Kohli había aumentado a 92 millones de dólares, solo superado por el del actor de Bollywood Shah Rukh Khan. En 2017, Kohli fue reconocido por *Forbes* como la séptima "Marca más valiosa entre los atletas", superando a figuras deportivas de renombre como Lionel Messi, Rory McIlroy y Stephen Curry, con una estimación de marca de 14,5 millones de dólares. En septiembre de ese mismo año, Kohli había firmado acuerdos de patrocinio con 17 marcas distintas y anunció que sólo patrocinaría productos que utilizara personalmente y en los que creyera. Al año siguiente, la revista Time lo incluyó en su lista anual de las 100 personas más influyentes del mundo. En 2019, Kohli fue el único jugador de críquet incluido en la lista de Forbes de los "100 deportistas mejor pagados del mundo". Ocupó el puesto 100 de la lista, con unas ganancias estimadas en 25 millones de dólares, de los cuales 21 millones se obtuvieron a través de endosos, y el resto del salario y las ganancias de torneos. Además, en marzo de 2019, Kohli fue nombrado embajador de marca de la plataforma móvil de deportes electrónicos Mobile Premier League. El potencial de ingresos de Kohli siguió aumentando y, en 2020, alcanzó el puesto 66 en la recopilación de *Forbes* de los 100 deportistas mejor pagados del mundo para el año 2020, con unos ingresos estimados superiores a los 26 millones de dólares. En abril de 2021, *Vivo* nombró a Kohli embajador de su marca antes de la Premier League india.

En 2012, Kohli fue reconocido como uno de los hombres mejor vestidos por la revista de moda *GQ*, apareciendo en su lista anual junto a figuras destacadas como Barack

Obama. Seis años después, en 2018, el canal *National Geographic* estrenó un documental sobre la carrera de Kohli en el críquet. La película pretendía celebrar sus logros en el deporte. Al año siguiente, en vísperas de la Copa del Mundo de Cricket de 2019, se rindió homenaje a Kohli. Madame Tussauds, famoso por sus figuras de cera de gran realismo, desveló una exquisita creación de Kohli en Londres. Continuando con la cadena de elogios, en 2019, en el undécimo aniversario de su debut internacional, Kohli fue honrado con una tribuna con su nombre en el estadio Feroz Shah Kotla de Delhi, lo que le convirtió en el jugador de críquet más joven en recibir tal reconocimiento. En noviembre de ese mismo año, se estrenó una serie de televisión india de animación de superhéroes titulada *Super V*, que presentaba una representación ficticia de la adolescencia de Kohli y su descubrimiento de los superpoderes.

Fuera del críquet

Vida privada

La romántica relación de Kohli con la actriz de Bollywood Anushka Sharma, que comenzó en 2013, le valió el apodo de "Virushka". En una entrevista con Graham Bensinger, Kohli contó que había visto a Sharma por primera vez cuando ambos participaban en un rodaje promocional del champú Clear. Desde entonces, su unión ha suscitado un gran interés mediático, con persistentes rumores y especulaciones en la prensa, ya que ambas partes se mostraban reticentes a hablar públicamente de su relación. El 11 de diciembre de 2017, la pareja contrajo matrimonio en una ceremonia íntima celebrada en Florencia (Italia), convirtiéndose en una de las parejas de famosos más comentadas del país. El 11 de enero de 2021, la pareja tuvo a su primera hija, a la que llamaron Vamika. El nombre de la niña, Vamika, procede del sánscrito y significa "pequeña diosa". El 15 de febrero de 2024, la pareja dio la bienvenida a su segundo hijo, un niño llamado Akaay.

En 2018, Kohli reveló que había tomado la decisión de adoptar una dieta vegetariana en un esfuerzo por aliviar los síntomas de un problema en la columna cervical causado por niveles elevados de ácido úrico. Esta afección afectaba a los movimientos de sus dedos y, por tanto, a su rendimiento como bateador. Hizo un esfuerzo consciente por abstenerse de consumir carne, como parte de su régimen para mantener una salud óptima. Desde entonces ha aclarado que sus elecciones dietéticas no se ajustan a un estilo de vida vegano y que sigue consumiendo productos lácteos. Kohli es conocido por su forma física y su intenso régimen de entrenamiento. Ha sido un defensor de un estilo de vida saludable, que incluye ejercicio regular y una dieta nutritiva. Su trabajo duro y su disciplina en este campo le han valido la reputación de ser uno de los jugadores de críquet más en forma del mundo.

Kohli ha reconocido que cree en las supersticiones. Ha declarado públicamente que confía en varios amuletos y rituales que cree que le traen buena suerte en el campo de críquet. Una de esas tradiciones consiste en ponerse muñequeras negras, a las que se adhiere como talismán. Además, se sabe que prefiere un par de guantes en particular, que ha llevado siempre debido a su supuesta propensión a traerle el éxito. Además, desde 2012 se ha observado a Kohli luciendo en su brazo derecho una kara, un brazalete tradicional que suele llevarse con fines religiosos o espirituales. Además de las supersticiones antes mencionadas, Kohli también ha establecido el ritual de llevar siempre zapatos blancos en el campo de críquet. Kohli tiene tatuajes de la venerada deidad hindú Lord

Shiva, la sílaba sagrada "Om", los nombres de sus padres, Prem y Saroj, un emblema tribal, la representación de un monasterio sereno, un guerrero samurái, el símbolo astrológico del escorpión y los números de su gorra en los partidos de ODI y Test.

Inversiones comerciales

La inversión de Kohli en el club de la Superliga india FC Goa, del que será copropietario a partir de 2024, refleja su ambición de apoyar y cultivar el crecimiento del fútbol en la India. Más allá del críquet, esta aventura le sirvió como futura oportunidad de negocio, ya que buscaba diversificar su cartera tras su retirada del deporte. En noviembre de 2014, Kohli se asoció con *Universal Sportsbiz (USPL)*, de Anjana Reddy, para lanzar la marca de moda juvenil *WROGN*. La marca se especializaba en ropa casual masculina y colaboraba con destacados puntos de venta como Myntra y Shopper's Stop. Además, a finales de 2014, Kohli se convirtió en accionista y embajador de marca de la red social londinense "Sport Convo". Su participación tenía como objetivo promover y dar a conocer la plataforma, que se centraba en proporcionar un espacio para que los aficionados al deporte se conectaran y se relacionaran entre sí.

En 2015, Kohli invirtió 900 millones de libras (11 millones de dólares) en la creación de una cadena de gimnasios y centros de fitness en toda la India. Bautizada como

"*Chisel*", la red de gimnasios se creó a través de una empresa conjunta entre Kohli, Chisel India y CSE (Cornerstone Sport and Entertainment), la organización responsable de gestionar las actividades comerciales de Kohli. En septiembre del mismo año, Kohli amplió su cartera de inversiones relacionadas con el deporte al convertirse en copropietario de la franquicia de la Premier League Internacional de Tenis, UAE Royals. En rápida sucesión, también se convirtió en copropietario de la franquicia Bengaluru Yodhas, propiedad de JSW, en la Pro Wrestling League.

En 2016, Kohli se embarcó en una nueva aventura destinada a promover la forma física entre los niños. Unió fuerzas con *Stepathlon Lifestyle* para lanzar Stepathlon Kids. La iniciativa pretendía animar a los más jóvenes a adoptar hábitos de vida saludables e inculcarles el amor por la actividad física.

En 2017, Kohli se asoció con la marca alemana de ropa deportiva Puma para lanzar su marca de estilo de vida atlético *One8*. Esta marca ofrece una gama de ropa, calzado y accesorios deportivos diseñados para personas activas. Ese mismo año, Kohli también fundó Nueva, un establecimiento de alta cocina situado en Nueva Delhi. El restaurante presenta una decoración de inspiración sudamericana acentuada con obras de arte de nativos americanos, lo que proporciona un entorno culinario distintivo. Kohli también fundó *One8 Commune*, una cadena de bares-restaurante con un ambiente moderno y sofisticado que atrae a personas de distintas edades. Fue su primera incursión en el sector de la alimentación y las bebidas. El primer establecimiento de este restaurante se inauguró en 2017.

En 2022, Kohli y su cónyuge realizaron una inversión de ₹2,5 crore (equivalente a ₹2,9 crore o 370.000 dólares en 2023) en *Digit*, una startup basada en seguros. Además, también ampliaron su apoyo a *Blue Tribe, una startup* especializada en la producción y distribución de productos cárnicos de origen vegetal. Impulsado por su propia inclinación hacia una dieta basada en plantas, Kohli pretende concienciar y animar a las personas a adoptar prácticas más sostenibles y respetuosas con el medio ambiente.

Filantropía

En 2013, Kohli creó la "Virat Kohli Foundation" con el objetivo filantrópico de apoyar a los niños desfavorecidos. La fundación colabora con un grupo seleccionado de ONG para aumentar la concienciación y recabar apoyo para diversas causas que son fundamentales para avanzar en su misión de promover el bienestar y el bienestar de estos niños. En 2014, la fundación participó en una subasta benéfica organizada por eBay y Save the Children India, cuyos beneficios se destinaron a la educación y la atención sanitaria de niños desfavorecidos. Kohli se dedica a crear un futuro mejor para los niños poniendo en marcha programas basados en el deporte y proporcionándoles los recursos necesarios, aprovechando sus conexiones y asociaciones para elevar a los segmentos marginados de la sociedad.

La fundación de Kohli ha organizado varios actos benéficos para recaudar fondos para sus causas, incluidos partidos de fútbol en los que han participado destacados jugadores de críquet indios y actores de Bollywood. El primero de estos eventos fue un partido de fútbol de famosos en colaboración con la fundación benéfica de Abhishek Bachchan, que atrajo una gran atención mediática y logró recaudar fondos. En este partido, Kohli capitaneó el All Hearts FC contra el All Stars FC, dirigido por Abhishek Bachchan. Otro partido de fútbol benéfico, bautizado como el "Clásico de los famosos", se celebró en junio de 2016 en Bombay, con Kohli de nuevo al frente del All Hearts FC contra el All Stars FC, capitaneado por Ranbir Kapoor. Este evento también fue un gran éxito a la hora de generar fondos para causas benéficas.

En 2016, la Fundación Virat Kohli se asoció con la Fundación Sonrisa para promover el empoderamiento de niños y jóvenes desfavorecidos. Para poner en marcha esta iniciativa, Kohli organizó una cena filantrópica en el Grand Hyatt de Bombay, que contó con la presencia de estrellas del críquet como MS Dhoni, Shikhar Dhawan, Yuvraj Singh, Ajinkya Rahane y KL Rahul, para apoyar la causa del empoderamiento de niños y jóvenes. Para avanzar en los objetivos de la Misión Swachh Bharat (SBM), cuyo objetivo es crear una India más limpia, Kohli y el equipo de críquet indio, en colaboración con Anurag Thakur, emprendieron una iniciativa de limpieza en los Jardines Eden con motivo del Gandhi Jayanti de 2016.

Antes de un partido contra Sri Lanka en el Trofeo de Campeones de 2017, Kohli organizó una gala benévola en Londres en apoyo de la organización Justice and Care. El baile se organizó con el objetivo de aumentar tanto los fondos como la concienciación sobre la causa humanitaria que defiende Justice and Care. La organización se esfuerza por combatir los perniciosos problemas de la trata de seres humanos y la esclavitud contemporánea. En 2017, Kohli creó el Programa de Desarrollo de Atletas (PDA) como plataforma para nutrir y apoyar a los jóvenes aspirantes a atletas. Esta iniciativa proporciona orientación integral a estos jóvenes atletas en áreas como el entrenamiento, la preparación física, la competición y la nutrición, fomentando así su crecimiento y desarrollo. El programa ha resultado beneficioso para varios jóvenes deportistas, entre ellos la tenista Swastika Ghosh y el golfista Aadil Bedi.

En respuesta a la pandemia de COVID-19 de 2020, Kohli y su esposa Anushka Sharma se comprometieron a hacer donaciones al PM CARES Fund y al Maharashtra CM Relief Fund. La pareja siente una gran pasión por el bienestar de los animales y ha contribuido personalmente a los esfuerzos de ayuda a la fauna salvaje. Con su apoyo a Awaaz, Kohli pretende proporcionar servicios médicos completos, refugio y sustento a los animales vagabundos.

Resumen de la carrera

Kohli ha logrado 80 siglos, 7 de ellos dobles, en el críquet internacional: 29 siglos, 7 de ellos dobles, en los Test de críquet; 50 siglos en los One Day Internationals (ODIs), superando el récord de Sachin Tendulkar; y 1 siglo en los T20I.

Kohli ocupa un lugar destacado en los anales del críquet indio. Tiene la distinción de ser el único jugador de críquet que ha sido nombrado Jugador del Torneo en la Copa del Mundo T20 en dos ocasiones distintas, en 2014 y 2016. En lo que respecta a centurias en ODI, ocupa el primer puesto con 50. Superó la marca de Sachin Tendulkar de 49 ODI tons y logró esta hazaña el 15 de noviembre de 2023 en la semifinal de la Copa Mundial de Críquet 2023, al tiempo que se convirtió en el primer jugador en anotar más de 700 carreras en una sola edición del torneo. Además, en el críquet internacional, Kohli ha acumulado 80 siglos, solo superado por los 100 siglos de Sachin Tendulkar. En 2018, Kohli estableció un récord al convertirse en el primer jugador en anotar 1.000 carreras ODI en 11 entradas en un año natural. En 2022, logró otro hito al anotar 1.000 carreras en la Copa Mundial T20 Masculina del ICC, convirtiéndose en el segundo jugador en alcanzar esta hazaña después de Mahela Jayawardene.

Durante el partido contra Bangladesh, se convirtió en el máximo goleador de la historia de la Copa del Mundo T20.

Registros de pruebas

- Mayor número de victorias como capitán de la India, con 40 victorias en 68 partidos.

- Cuatro dobles-cien en cuatro series consecutivas.

Récords ODI

- Mayor número de siglos en ODI (50)

- Mayor número de siglos en ODI en persecución (27).

- Mayor número de siglos en ODI en la India (22).

- **El más rápido en -** 8.000 carreras (175 entradas), 9.000 carreras (194 entradas), 10.000 carreras (205 entradas), 11.000 carreras (222 entradas), 12.000 carreras (242 entradas), 13.000 carreras (267 entradas).

Récords de T20I

- Mayor número de carreras en partidos internacionales T20: 4.008 carreras.

- Mayor número de anotaciones Fifty plus en la carrera - 38 (incluyendo 37 fifties y 1 century).

- Promedio de bateo más alto de su carrera en T20I: 52,73.

- **El más rápido en** - 3.000 carreras (81 entradas), 3.500 carreras (96 entradas)

- Más premios al mejor jugador del partido (15 veces) y al mejor jugador de la serie (7 veces).

Récords de la IPL

- Mayor número de carreras en la Indian Premier League: 7.263 carreras.

- Mayor número de carreras en una sola edición de la IPL: 973 carreras (2016).

- Único jugador que ha participado en tres partidos de más de dos centurias, dos con AB de Villiers y uno con Chris Gayle.

- Mayor número de carreras contra Delhi Capitals (1030).

- Más centenas en una temporada (4) y en la liga (7).

Matrícula de honor

Distinciones nacionales

- 2013 - Premio Arjuna, segundo galardón deportivo más importante.

- 2017 - Padma Shri, cuarto galardón civil más importante de la India.

- 2018 - Premio Major Dhyan Chand Khel Ratna, máximo galardón deportivo de la India.

Palmarés deportivo

- Trofeo Sir Garfield Sobers (Jugador de Cricket Masculino de la Década del ICC): 2011-2020

- Trofeo Sir Garfield Sobers (Jugador de críquet del año del ICC): 2017, 2018

- Jugador de Cricket ODI Masculino de la Década del ICC: 2011-2020

- Jugador ODI del Año del ICC: 2012, 2017, 2018, 2023

- Jugador de pruebas del año del ICC: 2018

- Equipo ODI del Año del ICC: 2012, 2014, 2015 (capitán), 2017 (capitán), 2018 (capitán), 2019 (capitán), 2023

- Equipo de pruebas del año del ICC: 2017 (capitán), 2018 (capitán), 2019 (capitán).

- Equipo masculino T20I del año del ICC: 2022

- Espíritu del críquet del ICC: 2019

- Equipo masculino de Test de la Década del ICC: 2011-2020 (capitán)

- Equipo masculino ODI de la Década del ICC: 2011-2020

- Equipo masculino T20I de la Década del ICC: 2011-2020

- Premio Polly Umrigar al mejor jugador de críquet internacional del año: 2011-12, 2014-15, 2015-16, 2016-17, 2017-18

- Mejor jugador de críquet del mundo según Wisden: 2016, 2017, 2018

- Jugador del mes de la ICC: Octubre 2022

- Jugador internacional de críquet del año de la CEAT: 2011-12, 2013-14, 2017- 18, 2018-19

- Gorra naranja de la Premier League india con más carreras: 2016

- Barmy Army - Jugador internacional del año: 2017, 2018

- ESPNcricinfo - Mejor bateo ODI del año: 2012

Otras distinciones y premios

- People's Choice Awards India al deportista favorito: 2012

- Deportista *GQ del* año: 2013

- Indio del año de CNN-News18: 2017

- Persona del año en la India de People for the Ethical Treatment of Animals (PETA): 2019

- La Asociación de Cricket de Delhi y Distrito (DDCA) rebautizó una tribuna con el nombre de Kohli en Feroz Shah Kotla, Delhi.

Otros libros de United Library

https://campsite.bio/unitedlibrary